Inhalt

100% übersichtlich

Erleben Sie 100% Antwerpen, Brügge & Gent auf sechs Spaziergängen. Jedes Kapitel ist einem Spaziergang gewidmet. Am Kapitelende gibt es eine Karte mit der Kurzbeschreibung des Spaziergangs. Auf der Karte in der vorderen Umschlagklappe sehen Sie Antwerpen im Überblick, in der hinteren Umschlagklappe Brügge und Gent. Dort finden Sie anhand der Buchstaben Ⓐ bis Ⓩ alle Hotels sowie Sehenswürdigkeiten und Ausgehtipps, die nicht auf einem der Spaziergänge liegen.

In den sechs Kapiteln beschreiben wir ausführlich, welche Sehenswürdigkeiten Sie auf den Spaziergängen entdecken können und wo man gut essen, trinken, shoppen, feiern und relaxen kann. Alle Adressen sind mit einer Nummer ① gekennzeichnet, die Sie im Stadtteilplan am Ende des Kapitels wiederfinden. An der Farbgebung der Nummer können Sie erkennen, zu welcher Kategorie die jeweilige Adresse gehört:

● Sehenswürdigkeiten	● Shoppen
● Essen & Trinken	● 100% there

SECHS SPAZIERGÄNGE

Zu jedem Kapitel gehört ein Spaziergang, der – ohne Besuch der genannten Sehenswürdigkeiten – ungefähr drei Stunden dauert. Auf den einzelnen Stadtteilplänen sehen Sie den genauen Verlauf der Route und können deren Länge anhand des Maßstabs ungefähr bestimmen. Die Wegbeschreibung links neben dem Stadtplan führt Sie entlang der Sehenswürdigkeiten zu den schönsten Adressen. So entdecken Sie fast nebenbei die besten Shoppinggelegenheiten und die nettesten Restaurants, Cafés und Bars. Wer irgendwann keine Lust mehr hat, der Route zu folgen, kann aufgrund der ausführlichen Tipps und Pläne auch wunderbar auf eigene Faust Entdeckungen machen.

PREISANGABE BEI HOTELS UND RESTAURANTS

Um Ihnen eine Vorstellung von den Preisen in den Hotels und Restaurants zu geben, finden Sie bei den Anschriften stets auch die Preise. Die Angaben für Hotels beziehen sich auf ein Doppelzimmer mit Frühstück pro Nacht. Die Angaben für die Restaurants nennen den Durchschnittspreis eines Hauptgerichts. Bei Cafés ist dies der Preis für ein Sandwich oder eine kleine Mahlzeit.

100% ANTWERPEN · BRÜGGE · GENT

SPAZIERGANG 1: ANTWERPEN – HISTORISCHES ZENTRUM
In den schmalen Gassen mit ihren *kasseien*, wie Kopfsteinpflaster in Flandern gemeinhin heißt, ist Antwerpens Geschichte noch allgegenwärtig. Auf dem historischen Grote Markt mit der Statue von Silvius Brabo wird die Vergangenheit lebendig, während ein paar Straßen weiter die Terrassen und Cafés von Studenten bevölkert sind.

SPAZIERGANG 2: ANTWERPEN – HET ZUID & NIEUW ZUID
Einst für die Wohlhabenden der Stadt erbaut, erlebte Het Zuid eine Phase der Verwahrlosung, bis es sich in neuerer Zeit zu einem Hotspot mit zahlreichen Cafés und Restaurants entwickelte, in dem das Leben pulsiert. Außerdem befinden sich hier einige große Museen, die Kunst- und Kulturfreunde anziehen.

SPAZIERGANG 3: BRÜGGE – BURG & ZENTRUM SÜD
Der südliche Teil der Altstadt ist von historischen Baudenkmälern, berühmten Museen, schmalen Brücken, Parks, versteckten Brandgassen, gemütlichen Restaurants, Cafés und originellen Läden geprägt. Der Burgplatz begeistert mit Blickfängern wie dem gotischen Rathaus und der Heilig-Blut-Basilika.

SPAZIERGANG 4: BRÜGGE – MARKT & ZENTRUM NORD
Brügges größte Touristenattraktion ist der Markt mit dem berühmten Belfried. Aber einmal in der Woche, wenn am Mittwochnachmittag Obst- und Gemüsehändler hier ihre Zelte aufschlagen, gehört der Platz den Einheimischen. In der Gegend rund um den Markt gibt es zahlreiche Sehenswürdigkeiten und originelle Boutiquen.

SPAZIERGANG 5: GENT – HISTORISCHES ZENTRUM DE KUIP
De Kuip, so der Beiname der Altstadt Gents, ist zwar nicht groß, aber voller Sehenswürdigkeiten. Besuchen Sie unbedingt die Straßen Graslei und Korenlei beiderseits des Leie-Flusses mit den prachtvollen alten Treppengiebelhäusern. Hier am Wasser lässt sich das Leben genießen.

SPAZIERGANG 6: GENT – HET ZUID & KUNSTVIERTEL
Der südliche Teil von Gent wird von Studenten beherrscht. Kein Wunder, dass man ein pulsierendes Nachtleben findet. Es sind hier auch viele Theater, Kunstzentren und Museen angesiedelt, und Shoppingfreunde kommen ebenfalls auf ihre Kosten.

100% ANTWERPEN · BRÜGGE · GENT

In Antwerpen, Brügge und Gent gibt es so viel zu erleben – doch wo fängt man am besten an? In Antwerpen mit dem Rubenshuis und dem Museum aan de Stroom (MAS), aber gönnen Sie sich in einer der vielen gemütlichen Kneipen und Cafés unbedingt auch ein *bolleke*. Oder machen Sie einen Spaziergang entlang der Schelde und lassen Sie den Tag in einem exklusiven Nachtclub ausklingen. Wer Brügge besucht, darf sich die *reien* nicht entgehen lassen, sollte einen Blick in eine der Brauereien werfen und die exzellenten Schokoladenkreationen kosten. In Gent ist das weltberühmte Kunstwerk *Die Anbetung des Lamm Gottes* in der St.-Bavo-Kathedrale ein Muss. Genießen Sie ein Picknick am Wasser am Graslei und schippern Sie auf den Gewässern in und um die Stadt. Der 100% Cityguide zeigt Ihnen, was Sie auf keinen Fall verpassen sollten. Sightseeing & Shopping, Ausgehen & Abenteuer – die übersichtlichen Stadtpläne weisen Ihnen den Weg.

AUF 6 SPAZIERGÄNGEN 100% ANTWERPEN, BRÜGGE & GENT ERLEBEN.

WICHTIGE ADRESSEN

Bei den Touristeninformationen der Städte erhalten Sie ausführliche Informationen zu den Sehenswürdigkeiten, Veranstaltungen und vieles mehr.

Antwerpen: Centraal Station (Hauptbahnhof), Ebene 0 (bei den Rolltreppen)/ Grote Markt 13, Website: *www.visitantwerpen.be*, Telefon: 03 2320103,

Brügge: Stationsplein/Markt 1, Website: *www.brugge.be*, Telefon: 050 444646,

Gent: Sint-Veerleplein 5, Website: *www.visitgent.be*, Telefon: 09 2665660.

FEIERTAGE

Außer den beweglichen kirchlichen Feiertagen, Ostern, Pfingsten und Christi Himmelfahrt kennt Belgien noch folgende gesetzliche Feiertage:

1. Januar	Neujahr
1. Mai	Tag der Arbeit
11. Juli	Feiertag der flämischen Gemeinschaft
21. Juli	Nationalfeiertag
15. August	Mariä Himmelfahrt
1. November	Allerheiligen
11. November	Waffenstillstand
25. Dezember	1. Weihnachtstag

HABEN SIE NOCH TIPPS?

Wir haben diesen Reiseführer mit großer Sorgfalt zusammengestellt. Da das Angebot an Geschäften und Restaurants in den drei Städten regelmäßig wechselt, kann es sein, dass eine Empfehlung nicht mehr existiert. Besuchen Sie in diesem Fall oder wenn Sie andere Anmerkungen oder Fragen zu diesem 100% Cityguide haben, unsere Webseite *www.100travel.de/ABG* oder schreiben Sie uns an *info@momedia.com*. Wir freuen uns über Hinweise, neue Tipps und natürlich auch Fotos. Posten Sie diese gerne auf unserer facebook fanpage: *facebook.com/100travel*.

Last but not least möchten wir noch bemerken, dass keine der vorgestellten Adressen für ihre Erwähnung bezahlt hat, weder für den Text noch für die Fotos. Alle Texte wurden von einer unabhängigen Redaktion geschrieben.

Hotels

Ob einfach, ursprünglich, modern, hochpreisig, supergünstig oder irgendwo dazwischen – Antwerpen, Brügge und Gent haben ein großes Übernachtungsangebot für jeden Geldbeutel. Im Folgenden finden Sie unsere Lieblingsadressen. Sie alle sind mit einem Buchstaben versehen, den Sie auf den Übersichtsplänen im 100% Cityguide wiederfinden. Die Preise gelten pro Doppelzimmer und Nacht.

Weitere nette Unterkünfte finden Sie auf *www.100travel.de*. Wer Antwerpen besucht, wird auch auf *www.antwerphotel.be* oder *www.bedandbreakfast-antwerp.com* fündig. Auf der Internetseite der Stadt, *hotels.brugge.be*, finden Sie eine Übersicht aller Übernachtungsmöglichkeiten in Brügge. Sie bevorzugen ein B&B? Dann hat www.brugge-bedandbreakfast.com vielleicht das passende Zimmer für Sie. Eine Liste aller Hotels in Gent finden Sie auf der Website der Stadt (*www.visitgent.be*) oder auf *www.gent-hotels.eu*. B&Bs in Gent nennt Ihnen die Website *www.bedandbreakfast-gent.be*.

ANTWERPEN

Ⓐ Hinter dem Backsteingiebel einer ehemaligen Pralinenmanufaktur befindet sich heute das **Antwerp Backpackers Hostel**. Die Jugendherberge bietet Zweibettzimmer und einen Schlafsaal und ist eine Topadresse für Nachtschwärmer, denn frühstücken kann man hier den ganzen Tag. Außerdem im Preis inbegriffen: WLAN, DVDs und Spinde.
kattenberg 110, hauptbahnhof, www.abhostel.com, telefon: 0473 570166, preis: ab 19 €, inkl. frühstück, bus: 34 drink

Ⓑ Das Hotel **Banks** in einem eher unauffälligen Haus verfügt über 68 Zimmer. Wie das Erdgeschoss, in dem sich das Daytime Café befindet, das übrigens auch Nichthotelgäste willkommen heißt, ist alles hell, weiß und modern gehalten. Das Hotel liegt in einer Gegend mit zahlreichen Boutiquen, nur fünf Gehminuten vom Großen Markt entfernt. Besonderheit: Eine herrliche Aussicht auf die Altstadt gewährt die Dachterrasse.
steenhouwersvest 55, kaaien, www.hotelbanks.com, telefon: 03 2324002, preis: ab 100 €, inkl. frühstück, straßenbahn: 4 & 12 sint-andries

BANKS Ⓑ

Ⓔ ST. JACOBS B&B

Ⓒ Das **Soul Suites** ist ein ungewöhnliches Hotel mit nur drei Zimmern, in jeder Etage eines, sowie einem netten Restaurant im oberen Stockwerk. Wobei "Zimmer" schwer untertrieben ist, denn jedes umfasst ein Schlaf- und Wohnzimmer und eine Küche. Die Einrichtung ist eine Mischung aus Alt und Neu, Frühstück wird nicht angeboten.
marnixplaats 14-15, 't zuid, www.soulsuites.com, telefon: 0471 285716, preis: ab 150 €, straßenbahn: 4 & 12 tropisch instituut

BRÜGGE

Ⓓ Wer eine Unterkunft sucht, die den eigenen Geldbeutel und die Umwelt schont, sollte sich im beschaulichen Viertel Sint-Gillis im Dreisternehotel **Fevery** einquartieren – dem ersten Hotel Belgiens mit dem Ecolabel der EU. Die zehn schlicht, aber komfortabel eingerichteten Zimmer haben jeweils ein eigenes Badezimmer und sind äußerst gepflegt. Bei Ankunft wird einem ein warmherziger Empfang bereitet. Klar, dass man im einzigen Öko-Hotel der Stadt auch selbst an die Umwelt denkt und auf stundenlanges Duschen oder Baden verzichtet.
collaert mansionstraat 3, www.hotelfevery.be, telefon: 050 331269, preis: ab 59 €

Ⓔ In einem schön restauriertem Haus aus dem 19. Jahrhundert, nur drei Gehminuten vom Großen Markt entfernt, befindet sich das **St. Jacobs B&B**. Namensgeber des B&B ist der Heilige im Glasfenster des Treppenhauses. Die vier geräumigen, hellen Zimmer – von denen drei mit einem offenen Kamin ausgestattet sind – verfügen über bequeme, übergroße Betten, WLAN und ein Luxusbadezimmer inklusive Regendusche.
oude zak 20, www.stjacobs.be, telefon: 050 677399, preis: ab 100 €

(F) Schon wegen der tollen Aussicht auf die Groenerei ist eine Übernachtung in einem der vier Suiten des **Coté Canal & Huyze Hertsberge** zu empfehlen. Das Luxus-B&B befindet sich in einem Haus aus dem 18. Jahrhundert, in dem man sich durch die schweren Vorhänge, jahrhundertalten Holzböden und zahlreichen Antiquitäten in die Vergangenheit zurückversetzt fühlt. Der kostenlose Internetzugang und der moderne Komfort erinnern einen dann daran, dass man doch im 21. Jahrhundert lebt. Im Sommer wird das Frühstück im Garten serviert – unter einem 100-jährigen Birnbaum.
hertsbergestraat 8-10, www.bruges-bedandbreakfast.be, telefon: 0475 457707, preis: ab 150 €

GENT

(G) Die 18 Zimmer des **Boutiquehotels Onderbergen** sind unterschiedlich gestaltet, verfügen aber alle über eine romantische, kitschfreie Einrichtung, hohe Decken, Kronleuchter und eine frei stehende Badewanne. Wer hier ein besonders stimmungsvolles Wochenende verbringen will, für den wird das Bett mit Rosenblättern dekoriert und eine Flasche Champagner bereitgestellt. Besuchen Sie unbedingt auch das hauseigene Restaurant und die Bar.
onderbergen 69, www.hotelonderbergen.be, telefon: 09 2236200, preis: ab 69 €

(H) Das **Verne Dreaming** ist ein wunderschönes B&B im Herzen von Gent. Es liegt unweit des Oude Beestenmarkt und Sint-Jacobs, dem Ausgehviertel der Stadt, und nahe dem Sint-Baafsplein und verfügt über zwei geräumige, märchenhaft eingerichtete Zimmer mit eigenem Bad. Wer gerne ausgiebig frühstückt, kommt hier voll auf seine Kosten.
sint-jacobsnieuwstraat 46, www.vernedreaming.be, telefon: 0477 602368, preis: ab 95 €

VERNE DREAMING (H)

(I) Übernachten im Viersternehotel **Ghent River** bedeutet, in sehr stilvollen Zimmern eines 1518 erbauten Renaissancehauses oder eines historischen Gebäudes aus dem Jahr 1857 zu wohnen, in dem einst Reis geschält wurde. Das alte Mauerwerk und die Holzbalken sind zum Teil noch sichtbar. Am Ostufer des Leie-Flusses gelegen und mit einem eigenen Anlegesteg ausgestattet, ist das Hotel als Einziges der Stadt auch über Wasser zu erreichen.
waaistraat 5, www.ghent-river-hotel.be, telefon: 09 2661010, preis: ab 134 €

Unterwegs

Weder Antwerpen noch Brügge oder Gent haben einen Flughafen. Mit dem Zug ist der Flughafen von Brüssel jedoch nur eine knappe Stunde entfernt. Informationen über Zugreisen in Belgien finden Sie auf *www.b-rail.be*.

In allen drei Städten fahren Busse des privaten Omnibusbetriebes De Lijn, in Antwerpen und Gent auch Straßenbahnen. Daher sind die Fahrpreise überall einheitlich: Eine Stunde kostet 1,55 Euro. Alternativ gibt es auch eine Streifenkarte, die "Lijnkaart", ab 9 Euro. Sie gilt für Fahrten mit De-Lijn-Bussen in und außerhalb der Stadt. Wer in der Stadt bleibt, kann einen 1-Tages-Pass (5 Euro für den Bus, 7 Euro für Bus und Straßenbahn), 3-Tages-Pass oder 5-Tages-Pass nutzen. Fahrkarten gibt es an den Fahrkartenautomaten, bei Zeitungskiosken und -läden, in den Verkaufsstellen von De Lijn oder direkt beim Fahrer (etwas teurer). Die Fahrpläne finden Sie auf *www.delijn.be*. Im Nachfolgenden beschränken wir uns auf Informationen zum Nahverkehr im Zentrum der jeweiligen Städte.

ANTWERPEN

Der Hauptbahnhof von Antwerpen, Centraal Station, liegt in unmittelbarer Nähe des Zentrums. Wer die Stadt mit dem Auto besucht, findet im Zentrum diverse Parkgaragen. Anzeigetafeln an den Hauptstraßen informieren über die Verfügbarkeit von Plätzen in den jeweiligen Garagen. Parken kann man auch in den Parkgaragen Scheldekaaien oder Gedempte Zuiderdokken im Viertel Het Zuid. Innerhalb der Stadt empfiehlt es sich, auf Straßenbahn oder Bus umzusteigen.

Taxistandplätze gibt es zum Beispiel am Hauptbahnhof oder Bahnhof Groenplaats. Sie können natürlich auch telefonisch eines bestellen: Antwerpse Taxi Centrale (03 2161616). Tagsüber gilt ein Grundpreis von 2,75 Euro, zwischen 22 Uhr und 6 Uhr von 4,95 Euro. Der Kilometerpreis beträgt 1,70 Euro.

Wer es gern sportlich mag, für den bietet sich das Fahrrad als adäquates Transportmittel an. Da es keine nennenswerten Steigungen und viele Fahrradleihstationen (*www.velo-antwerpen.be*) gibt, ist Antwerpen geradezu dafür prädestiniert, per Fahrrad erkundet zu werden.

Die roten Leihräder sind ein großer Erfolg. Man kann sie tageweise mieten, aber es gibt auch einen Wochenpass und sogar ein Jahresabo. Sie können den Pass online vor Ihrer Anreise bestellen oder vor Ort ein Rad ausleihen. Die Leihgebühr ist zeitabhängig, die erste halbe Stunde ist jedoch umsonst.

Für Antwerpen-Besucher gehört eine Bootsfahrt auf der Schelde zum Pflichtprogramm. Rundfahrten starten an der schwimmenden Anlegestelle am Steenplein (*www.flandriaboat.com*).

BRÜGGE

Wenn Sie mit dem Auto nach Brügge fahren, sollten Sie auf die Parkgaragenschilder achten. Ein 24-Stunden-Ticket kostet höchstens 8,70 Euro, zu zahlen in bar oder mit Kreditkarte. Empfehlenswert ist die Parkgarage am Hauptbahnhof: Hier kostet ein Tagesticket nur 3,50 Euro und der Bustransfer zum Zentrum und zurück ist inbegriffen – für alle Insassen des Autos. Auf einem der sechs P&R-Parkplätze am Stadtrand kann man sogar kostenlos parken. Zum Zentrum gelangen Sie dann entweder zu Fuß oder mit dem Bus. Vom Parken in der Altstadt kann nur abgeraten werden. Denn Parkplätze sind rar und meistens nur für Kurzparker: in der Blauen Zone (Montag bis Samstag von 9 bis 20 Uhr) höchstens vier Stunden, in der Zone *Betaald Parkeren* nicht länger als zwei Stunden.

Wer außerhalb des Zentrums wohnt, fährt am besten mit dem Bus in die Altstadt. Alle Stadt- und Regionalbusse halten am Hauptbahnhof und dem Platz 't Zand. Außer Linie 10 und 23 stoppen alle Stadtbusse auch am Markt oder in unmittelbarer Nähe (Haltestellen Markt, Wollestraat oder Biekorf). Besonderheit: Da zahlreiche Straßen Einbahnstraßen sind, gelten viele Haltestellen nur für eine Richtung.

Brügge hat auch zwei Taxistandplätze: am Markt und vor dem Hauptbahnhof. Außerdem können Sie telefonisch ein Taxi bestellen, zum Beispiel bei Taxi Snel (Telefon: 050 363649, *www.taxisnel.be*).

Natürlich können Sie Brügge auch mit dem Fahrrad erkunden. Mieten kann man Fahrräder beim Fietspunt am Stationsplein, dem Platz vor dem Hauptbahnhof, oder im Zentrum bei De Ketting (6 Euro/Tag, *www.deketting.be*). Lieber ein Fahrrad für zwei? Tandems gibt es zum Beispiel bei Eric Popelier (*www.fietsenpopelier.be*) oder Koffieboontje (*www.adventure-bike-renting.be*). Geführte Radtouren durch Brügge veranstaltet Quasi Mundo Biketours von März bis November (*www.quasimundo.com*).

Wer eine Rundfahrt auf Brügges Grachten, den *reien*, machen will, kann an fünf Anlegestellen an Bord gehen. So sehen Sie die schönsten Flecken der Stadt und erfahren nebenbei viele interessante Details (*www.brugge.be/toerisme*).

GENT

Gent verfügt über zwei Bahnhöfe: Gent-Sint-Pieters, der etwas größer ist, und Gent-Dampoort. Zum Zentrum gelangt man am besten von Gent-Sint-Pieters aus mit der Straßenbahnlinie 1 (Haltestelle Korenmarkt), 21 oder 22 (Vogelmarkt).

Die Stadt Gent, also ohne Randgemeinden, ist ziemlich kompakt. Mit einer Fläche von nur 30 Hektar hat die Stadt sogar das größte autofreie Zentrum Belgiens. Eine Tatsache, die Gent den Ruf einer angenehmen Bummelstadt eingebracht hat. Wer mit dem Auto anreist, sollte den Parkgaragenschildern folgen. So gelangen Sie automatisch zu einer der sechs überdachten Parkmöglichkeiten, an denen Sie für etwa 15 Euro pro Tag Ihr Auto stehen lassen können. Auch in den Straßen gibt es Parkplätze, die Sie – gegen Gebühr – nutzen können.

In der Stadt können Sie sich auch mit Bus oder Straßenbahn fortbewegen. Fahrkarten für die Straßenbahn erhalten Sie nur an den Automaten, mit denen die meisten Haltestellen bestückt sind, in den Fahrzeugen selbst gibt es keine.

Taxistandplätze finden Sie unter anderem am Bahnhof Gent-Sint-Pieters und am Woodrow Wilsonplein. Betrieben werden die meisten Taxis von V-Tax, (Telefon: 09 2222222, *www.v-tax.be*) oder Chicane (Telefon: 09 3333333, *www.chicane.be*).

In Gent kann man auch wunderbar Fahrrad fahren. Mieten kann man sie zum Beispiel in der Nähe der Bahnhöfe Dampoort (am Bahnhofsplatz) und Gent-Sint-Pieters (bei Max Mobiel, *www.max-mobiel.be*). Im Zentrum hält Biker (*www.bikerfietsen.be*) Leihräder bereit.

Wer Gent vom Wasser aus betrachten will, kann eine Rundfahrt auf der Leie machen. Mit kleinen Booten, die am Groentenmarkt sowie an der Graslei und der Korenlei abfahren, schippert man durch De Kuip, die Altstadt, an den bedeutendsten Sehenswürdigkeiten vorbei (*www.debootjesvangent.be, www.gent-watertoerist.be*).

Antwerpen – Historisches Zentrum

Große Vergangenheit, schöne Baudenkmäler und stimmungsvolle Plätze

Die historische Innenstadt ist das pulsierende Herz Antwerpens. In den engen Gassen fühlt man sich schnell in das Mittelalter zurückversetzt. Achten Sie auf die prachtvollen Giebel an den Häusern. Da Maria eine der Schutzheiligen der Stadt ist, findet man an vielen Stellen Marienfiguren. Neben all den Baudenkmälern trifft man im Zentrum auch auf Symbole der Moderne, denn die Universität und diverse Fachhochschulen sind hier angesiedelt, von denen wochentags sehr viel Leben ausgeht. Kein Wunder, dass viele Cafés, Kneipen und Terrassen abends fest in studentischer Hand sind.

Der von zahlreichen prachtvollen Patrizierhäusern mit goldenen Figuren gesäumte Große Markt ist Antwerpens Sehenswürdigkeit Nummer eins. An diesem Platz befindet sich neben einigen gemütlichen Cafés und Restaurants auch das beeindruckende Rathaus, an dessen Fassade im Sommer Dutzende Fahnen hängen. Davor steht ein Brunnen mit der Figur des Silvius Brabo.

1

Einer Legende zufolge hat der römische Soldat im 16. Jahrhundert den Riesen Druon besiegt, der für die Schelde-Überquerung Maut forderte und jedem, der nicht bereit war zu zahlen, die Hand abhackte und sie anschließend in die Schelde warf. Als der Riese im Kampf unterlag, hackte Brabo ihm ebenfalls die Hand ab und warf diese in den Fluss. Daher vermutlich der Name der Stadt: *hand werpen* (Hand werfen)! Im Sommer ist der Große Markt Schauplatz zahlreicher Veranstaltungen und der Brunnen ein beliebter Treffpunkt.

Einer der schönsten Plätze der Stadt ist der Hendrik Conscienceplein, der erste autofreie Platz Antwerpens. Es gibt hier zahlreiche Geschäfte und Restaurants, und auf einer der Terrassen kann man wunderbar die schönen Häuser rundum bewundern und das Ambiente genießen.

6 Insider-Tipps

Hendrik Conscienceplein

Auf dem Platz mit italienischem Flair ein Eis essen.

Lam & Yin

In einem Sternerestaurant raffinierte chinesische Küche probieren.

Vlaeykensgang

Für einen Moment ins Mittelalter zurückkehren.

Akotee & Akotwee

Zwei Anlaufstellen für herrlich farbenfrohen Kitsch.

Normo Coffee

In lockerer Atmosphäre Kaffee trinken.

Begijnhof

Inmitten der Stadt eine Oase der Ruhe besuchen.

- **Sehenswürdigkeiten**
- **Shoppen**
- **Essen & Trinken**
- **100% there**

Sehenswürdigkeiten

⑬ Der tapfere Brabo, die Figur am Brunnen am **Großen Markt**, warf die Hand des Riesen Druon Antigoon in die Schelde. Eine Tat, nach der Antwerpen (*hand werpen*) einer Legende zufolge seinen Namen erhalten hat. Der Platz ist der Mittelpunkt der Stadt und von prachtvollen Patrizierhäusern aus dem 16. und 17. Jahrhundert umgeben. Absoluter Höhepunkt ist das Rathaus aus dem 15. Jahrhundert.
grote markt, straßenbahn: 3, 5, 9 & 15 groenplaats

⑮ Im 11. Jahrhundert noch ein unauffälliges Kirchlein, heute der ganze Stolz von Antwerpen: die **Liebfrauenkathedrale** (Onze-Lieve-Vrouwekathedraal). Die Erweiterung des gotischen Gotteshauses zur heutigen Größe dauerte 100 Jahre. Außergewöhnlich ist die räumliche Wirkung der Säulen – als stünde man in einem steinernen Wald. In der Kirche befindet sich auch das berühmte Gemälde von Rubens *Die Kreuzabnahme*.
handschoenmarkt, www.dekathedraal.be, telefon: 03 2139951, geöffnet: mo-fr 10.00-17.00, sa 10.00-15.00, so 13.00-16.00, eintritt: 5 €, straßenbahn: 3, 5, 9, & 15 groenplaats

㉒ Der **Hendrik Conscienceplein** gehört zu den Geheimtipps von Antwerpen. An warmen, sonnigen Tagen könnte man glauben, der Platz läge in Italien. Unter den aufmerksamen Augen von Hendrik Conscience, der dem Volk angeblich das Lesen beibrachte, kann man genüsslich ein Eis essen oder die Füße im Brunnen erfrischen.
hendrik conscienceplein, straßenbahn: 10 & 11 melkmarkt

㉓ Die **Sint-Carolus Borromeuskerk** am Hendrik Conscienceplein hat einen sehr sehenswerten Barockgiebel und atemberaubende Deckengemälde. Erbaut wurde das Gotteshaus im 17. Jahrhundert von Jesuiten, um mehr Menschen in die Messe zu locken. Vor allem samstags, wenn kirchliche Trauungen stattfinden, ist die Kirche heutzutage gut besucht.
hendrik conscienceplein 6, www.topa.be, telefon: 03 2313751, geöffnet: mo-sa 10.00-12.30 & 14.00-17.00, straßenbahn: 3, 5, 9 & 15 groenplaats

(25) Gehen Sie im **Rockoxhuis** auf eine Zeitreise in das 17. Jahrhundert. Das Patrizierhaus war einst das Domizil des Bürgermeisters Nicolaas Rockox des Jüngeren, der regelmäßig Humanisten zu sich einlud. Auch förderte er viele Künstler. Auf Grundlage von Aufzeichnungen wurde das Wohnhaus mit Originalmöbeln und kostbaren Gemälden unter anderem von Rubens, van Dyck und Brueghel komplett neu eingerichtet.
keizerstraat 10-12, www.rockoxhuis.be, telefon: 03 2019250, geöffnet: di-so 10.00-17.00, eintritt: 6 €, straßenbahn: 7 keizerstraat, 10 & 11 sint-katelijne

(26) Die Tage, als im **Begijnhof** Beginen ihr frommes Leben führten, gehören längst der Vergangenheit an, aber wie zur damaligen Zeit ist der Ort von einer angenehm ruhigen Atmosphäre geprägt. Schmale Wege führen zur kleinen Kirche Sint-Catharina und dem Garten im Innenhof, in dem sich ein Teich und Obstbäume befinden. Heute werden die Häuser privat vermietet.
rodestraat 39, telefon: 03 2028430, geöffnet: täglich 8.00-18.00, eintritt: frei, straßenbahn: 10 of 11 sint-jacob

(28) Das **Letterenhuis** beherbergt die größte literarische Sammlung Flanderns und umfasst Briefe, Manuskripte, Originaldokumente und Porträts flämischer Schriftsteller wie Guido Gezelle, Louis Paul Boon oder Jef Geeraerts.
minderbroedersstraat 22, www.letterenhuis.be, telefon: 03 2229320, geöffnet: di-so 10.00-17.00, eintritt: 5 €, straßenbahn: 7 keizerstraat

(35) Das **Museum Vleeshuis** widmet sich den Klängen der Stadt: Über 600 Jahre Musik- und Tanzgeschichte umfasst die Sammlung, in der Turmbläser, Spielmänner und Glockenspieler wieder zum Leben erweckt werden.
vleeshouwersstraat 38-40, www.museumvleeshuis.be, telefon: 03 2926100, geöffnet: di-so 10.00-17.00, eintritt: 5 €, straßenbahn: 7 klapdorp

(36) Den Namen **Het Steen** hat die Burg dem technischen Fortschritt zu verdanken, denn sie gehörte zu den ersten Bauwerken, die um 1200 herum aus Stein errichtet wurden. Für die Antwerpener war der Name drei Jahrhunderte lang mit Angst und Schrecken verbunden, als Het Steen als Gefängnis diente. Heute können Kinder sich hier nach Herzenslust austoben.
steenplein 1, www.hetsteenisopen.be, telefon: 03 2028380, geöffnet: di-so 10.00-18.00, eintritt: frei, straßenbahn: 7 klapdorp, 3, 5, 9 & 15 groenplaats

BEGIJNHOF ㉖

㊲ Wer leicht seekrank wird, sollte sich gut überlegen, ob er diese neue Attraktion Antwerpens wirklich erleben will. Für alle anderen ist der **Waterplein** mit seiner herrlichen Aussicht auf die Schelde ein Muss. Die Anlegestelle für die Rundfahrtschiffe scheint alle physikalischen Gesetze auf den Kopf zu stellen, denn der Ponton wiegt mehr als 3000 Tonnen und treibt trotzdem im Wasser. Wem die Aussicht noch nicht reicht, der kann sich mit dem Schiff zum Sint-Anneke-Strand fahren lassen oder eine Schelde-Rundfahrt mitmachen.
steenplein, straßenbahn: 3, 5, 9 & 15 groenplaats

Essen & Trinken

(4) Wer bei einem chinesischen Restaurant an lange Speisekarten mit Bestellnummern und Berge von Reis denkt, der wird bei **Lam & Yin** eines Besseren belehrt. Die Einrichtung ist modern, aber stilvoll, die Karte mit nur fünf Vor- und Hauptgerichten überraschend überschaubar. Die Bemühungen der Gastgeberin Yin und des Küchenchefs Lam wurden mit einem Michelin-Stern belohnt!
reyndersstraat 17, www.lam-en-yin.be, telefon: 03 2328838, geöffnet: mi-so 18.00-22.00, preis: 30 €, straßenbahn: 3, 5, 9 & 15 groenplaats

(5) Seit mehr als 25 Jahren tischt die **TapaBar**, das erste Tapasrestaurant der Stadt, ihren Gästen köstliche spanische Häppchen auf. Wobei die Bezeichnung "Häppchen" trügerisch ist, denn die Portionen sind ganz schön üppig! Die Inhaber haben inzwischen auch einen Feinkostladen eröffnet, in dem Sie all die herrlichen mediterranen Zutaten kaufen können: TapaDeli.
pelgrimstraat 21, www.tapabar.be, telefon: 03 2340122, geöffnet: mi-fr ab 17.00, sa & so ab 15.00, preis: 20 €, straßenbahn: 3, 5, 9 & 15 groenplaats

(8) In Antwerpen hat der Oude Koornmarkt den Spitznamen "*pitastraatje*". Zu Recht, obwohl immer mehr Lokale auch mit anderen Spezialitäten erfolgreich sind. Wie zum Beispiel die Sushibar **Zaowang**. Zu den beliebtesten Gerichten gehört zweifellos das Sushi Maki Boat für zwei Personen, ein Drachenboot, das mit 45 Sushis "beladen" ist.
oude koornmarkt 22, www.zaowang.be, telefon: 03 2905529, geöffnet: täglich 12.00-22.00, preis: 20 €, straßenbahn: 3, 5, 9 & 15 groenplaats

(9) Am Schaufenster des **Popoff** vorüberzugehen, ohne nahezu magisch von den köstlichen Torten angezogen zu werden, ist fast unmöglich. Lassen auch Sie sich von den Köstlichkeiten, die die Inhaberin selbst bäckt, verführen.
oude koornmarkt 18, www.popoff.be, telefon: 03 2320038, geöffnet: di-so 12.00-22.00, preis: kaffee und kuchen 10 €, straßenbahn: 2 & 15 groenplaats

(14) Ob Politiker oder Müllmann, Student oder Tourist – in **Den Engel**, einen Klassiker der Antwerpener Kneipenkultur, geht jeder gern. Kein Wunder, denn hier gibt es das beste "Bolleke van 't Stad", wie das lokale Bier genannt wird.
grote markt 2, www.cafedenengel.be, telefon: 03 2331252, geöffnet: mo-fr 9.00-1.00, sa & so 9.00-3.00, preis: 2 €, straßenbahn: 3, 5, 9 & 15 groenplaats

KATHEDRAALCAFÉ ⑱

⑱ Leitspruch des außergewöhnlichen **Kathedraalcafés** ist das elfte Gebot: "Du sollst genießen." Die vielen sakralen Figuren scheinen einem das von überall zuzuflüstern. Warum sollten Sie sich dagegen wehren? Bestellen Sie doch einfach ein Duvel.
torfbrug 10, www.kathedraalcafe.be, telefon: 03 2893466, geöffnet: täglich ab 12.00, preis: 4 €, straßenbahn: 10 & 11 melkmarkt

㉙ NORMO COFFEE

⑲ Wer sich nach einem langen, anstrengenden Shoppingtag etwas gönnen will, sollte sich zum **Cocktails at Nine** begeben. Ob drinnen im Ledersessel am offenen Kamin oder draußen auf der windgeschützten Terrasse – das Gebotene wird Ihnen schmecken, denn die Karte umfasst eine ganze Menge herrlicher Cocktails.

lijnwaadmarkt 9, www.cocktailsatnine.be, telefon: 03 7071007, geöffnet: mo-fr 18.00-1.00, sa-so 15.00-1.00, preis: 10 €, straßenbahn: 10 & 11 melkmarkt

(24) Für Reiselustige ist das **Via Via Reiscafé** eine tolle Anlaufstelle, denn hier kann man seinem Fernweh frönen, Pläne schmieden, Infos sammeln und Gleichgesinnte treffen. Und das alles natürlich auf belgische Art: bei einem Bierchen – mit oder ohne Essen aus einem fernen Land.
wolstraat 43, www.viaviacafe.com, telefon: 03 2264749, geöffnet: mo-sa ab 11.30, so ab 15.00, preis: 15 €, straßenbahn: 7 keizerstraat

(27) Vor 30 Jahren, in wirtschaftlich mageren Zeiten, war die Eröffnung des Cafés **'t Waagstuk** sicher gewagt, inzwischen aber ist das Lokal etabliert und hat die Herzen der Bierliebhaber erobert. Nicht weniger als 90 verschiedene Biere stehen auf der Karte. Kenner und solche, die es werden wollen, können auch an Bierverkostungen teilnehmen.
stadswaag 20, www.waagstuk.be, telefon: 03 2250219, geöffnet: mo-do 10.00-2.00, fr 10.00-4.00, sa 14.00-4.00, so 14.00-2.00, preis: 5 €, straßenbahn: 7 klapdorp

(29) Das **Normo Coffee** ist ein absolut stimmiges Café: viel Vintage, eine vom Stil her kunterbunt gemischte Einrichtung, in der man sich wie zu Hause fühlt, eine lockere Atmosphäre und nicht zuletzt selbst geröstete Kaffeebohnen, die einen herrlichen Kaffee ergeben.
minderbroedersrui 30, www.normocoffee.com, geöffnet: mo-fr 10.00-19.00, sa 10.00-18.00, preis: 5 €, straßenbahn: 7 keizerstraat

(33) Im Restaurant **Le Zoute Zoen** schwingt Viviane Verheyen den Kochlöffel. Diese *Lady Chef of the Year 2006* verwöhnt ihre Gäste mit raffinierten und exquisiten Gerichten. An warmen Abenden wird das große Schiebefenster geöffnet, sodass man auch innen das Leben der Stadt miterleben kann.
zirkstraat 15-17, www.resto.com/lezoutezoen, telefon: 03 2269220, geöffnet: di-fr & so 12.00-15.00 & 18.00-22.00, sa 18.00-22.00, preis: 22 €, straßenbahn: 7 klapdorp

(34) Wer Lust auf original flämisches Essen hat, ist bei **In de Gloria** richtig. Hier gibt es *stoemp met worst* (Eintopf mit Wurst), *witloof met hesp* (Chicorée mit Schinken) oder zartes Steak mit hausgemachten Pommes und Mayonnaise.
kleine koraalberg 8, www.eetcafeindegloria.be, telefon: 03 2340332, geöffnet: täglich 11.00-0.00, preis: 16 €, straßenbahn: 10 & 11 melkmarkt

Shoppen

① In Antwerpen ist **Stephan Schneider** eine Institution. Der gelernte Modeschöpfer mit deutschen Wurzeln hat sich hier niedergelassen und ist heute weltweit erfolgreich – vor allem mit seiner Männerkollektion, die von selbst entworfenen Stoffen und schlichten, aber stilvollen Kleidungsstücken geprägt ist.
reyndersstraat 53, www.stephanschneider.be, telefon: 03 2262614, geöffnet: mo-sa 11.00-18.30, straßenbahn: 3, 5, 9 & 15 groenplaats

② Der Laden **MoMade Cupcakes** ist zwar winzig, trotzdem kann man kaum daran vorbeigehen, ohne einen Blick ins Schaufenster mit den verlockenden süßen Köstlichkeiten zu werfen. Mo Lamkoref steht bereits in seiner Backstube, wenn andere noch schlafen. Das Ergebnis: zehn Cupcake-Varianten, die es täglich gibt, und fünf wechselnde Kreationen.
reyndersstraat 37, www.momadecupcakes.be, telefon: 03 2333323, geöffnet: di-so 9.00-18.30, straßenbahn: 3, 5, 9 & 15 groenplaats

③ Im Land des Jenever ist **De Vagant** ein Begriff. In diesem Café gibt es nicht weniger als 200 verschiedene Sorten, im hauseigenen Laden sogar über 400, inklusive Obst-Jenever und Liköre. Und für den, der sich nicht entscheiden kann, gibt es praktische kleine Probierfläschchen.
reyndersstraat 25, www.devagant.be, telefon: 03 2342137, geöffnet: mo & mi-sa 1.00-18.00, straßenbahn: 3, 5, 9 & 15 groenplaats

⑦ Sie sind auf der Suche nach einem Mitbringsel, möchten typische Souvenirs wie Schlüsselanhänger und Antwerpener Spitzen aber meiden? Dann schauen Sie bei **Belgian Heritage** vorbei. Hier gibt es neben Schokolade und Pommes auch Kleidung, Bücher und Geschenkartikel des weltberühmten belgischen Comic-Duos *Tim und Struppi*. Oder noch origineller: diverse wissenschaftliche Publikationen der örtlichen Uni.
oude koornmarkt 30, telefon: 03 2330169, geöffnet: di-so 11.00-19.00, straßenbahn: 3, 5, 9 & 15 groenplaats

17

30

2

② MOMADE CUPCAKES

(11) Wenn Sie bei **Othello** ein Buch erwerben, können Sie damit gleich zum Schmökern in Ihrem Zimmer verschwinden, ohne dafür das Haus zu verlassen. Denn die unabhängige Buchhandlung befindet sich im Erdgeschoss des Designhotels O. Der Laden strahlt ein industrielles Ambiente aus, das Sortiment in den Regalen ist international: Reiseführer, Bücher über Antwerpen und englische Literatur. Zur Stärkung können Sie sich in der Hotellobby einen Kaffee gönnen.
handschoenmarkt 3, www.hotelhotelo.be, telefon: 03 6892353, geöffnet: täglich 11.00-18.30, straßenbahn: 3, 5, 9 & 15 groenplaats

(17) Der Name dieses Ladens ist Programm, denn die bunten Lichtkugeln, die bei **Happy Lights** verkauft werden, sorgen garantiert für gute Laune. Das Besondere am Konzept: Sie können die stimmungsvollen Lichterketten nach eigenem Gusto zusammenstellen. Origineller und individueller geht es kaum.
blauwmoezelstraat 9, www.happylights.be, telefon: 03 7072670, geöffnet: täglich 11.00-18.30, straßenbahn: 3, 5, 9 & 15 groenplaats

(20) Dass Kunden **Akotee** mit leeren Händen verlassen, kommt selten vor. Eine bunte Fahrradtasche, ein lustiger Bilderrahmen oder schöner Ohrschmuck – irgendwas findet hier jeder. Als Akotee aus allen Nähten platzte, wurde nebenan ein zweiter Laden eröffnet: **Akotwee**.
melkmarkt 28-30, www.akotee.be, telefon: 03 2132313, geöffnet: mo-sa 10.00-18.0, straßenbahn: 10 & 11 melkmarkt

(21) Bei **Jozefien** können Sie ungestört in gut gefüllten Vitrinenschränken stöbern – obwohl hier orientalische Juwelen präsentiert werden. Neben neuen Exemplaren gibt es auch antiken Schmuck, alles farblich sortiert.
melkmarkt 32, telefon: 03 2329441, geöffnet: mo-sa 11.00-18.00, straßenbahn: 10 & 11 melkmarkt

㉚ BIG FIVE

(30) Anglophile kommen bei **Big Five** voll auf ihre Kosten. In diesem Modeladen finden Sie zahllose britische Marken wie Fred Perry, Merc, Ben Sherman, Britac, Loake oder – aus rein nostalgischen Gründen – Dr. Martens! Nicht nur für Männer, sondern auch für Frauen gibt es neben Kleidung Schuhe und schöne Accessoires.
lange koepoortstraat 55, www.bigfiveclothing.be, telefon: 0485 737486, geöffnet: di-sa 11.30-18.00, 1. und 3. so im monat 13.00-18.00, straßenbahn: 10 & 11 melkmarkt

(31) Mit 800 Quadratmetern Verkaufsfläche bietet das **Paleis** ein großzügiges Shoppingerlebnis. Marken wie Ichi, Jack & Jones, Vera Moda, Blend oder Only zeigen klar die Ausrichtung: jung, stilvoll und trendig. Da alles durchaus bezahlbar ist, ist dieses Einkaufsparadies für alle "Shopaholics" geeignet.
lange koepoortstraat 39, www.paleis.net, telefon: 03 2323819, geöffnet: mo & mi-sa 10.30-18.00, so 14.00-18.00, straßenbahn: 10 & 11 melkmarkt

(32) Knapp ein Jahrhundert ist es her, dass Familie Bernad beschloss, ihren Lebensunterhalt mit dem Import von spanischen Köstlichkeiten zu verdienen. Als die Nachfrage bei den von Heimweh geplagten Spaniern stieg, war die Zeit reif für einen Laden. Dass der sich heute ausgerechnet in einem prachtvollen Haus aus der spanischen Zeit Flanderns befindet, war eher Zufall. Bei **El Valenciano** gibt es ein breites Sortiment an frischen und haltbaren Lebensmitteln, Getränken, Kräutern, Gewürzen und Paellapfannen.
zirkstraat 34, www.elvalenciano.be, telefon: 03 2329213, geöffnet: di-sa 9.00-18.00, straßenbahn: 10 & 11 melkmarkt

⑩ VLAEYKENSGANG

100% there

⑥ Im **Pelgrom** knistert das Feuer im offenen Kamin. Wie einst im 16. Jahrhundert, der Zeit, in der die *poorterswoning* (Wohnung eines Stadtbürgers) erbaut wurde. Wer wissen will, wie die Menschen im Goldenen Zeitalter lebten, kann sich hier einen Eindruck verschaffen. Sogar ein lebendiges Huhn in der Küche gibt es! In den Kellerräumen wartet ein erfrischendes Bier.
pelgrimstraat 15, www.pelgrom.be, telefon: 03 2340809, geöffnet: sa & so 12.00-18.30, eintritt: 3 €, straßenbahn: 3, 5, 9 & 15 groenplaats

⑩ In den 1960er-Jahren war die hinter einem unauffälligen Tor versteckte mittelalterliche Gasse **Vlaeykensgang** so verfallen, dass die Gebäude um ein Haar der Abrissbirne zum Opfer gefallen wären. Verhindert wurde dies von einem jungen Antiquar, der den ganzen Bereich kaufte und vollständig restaurieren ließ. Das Ergebnis ist umwerfend: eine Oase der Ruhe inmitten der Stadt.
oude koornmarkt 16, ausgang an der pelgrimstraat, straßenbahn: 3, 5, 9 & 15 groenplaats

⑫ Im Mittelalter war die Altstadt von Antwerpen von Grachten durchzogen. Da diese **ruien** oder "der Unterleib von Antwerpen", wie sie heute auch genannt werden, zunehmend als Abwasserkanäle dienten, wurden sie schließlich überbaut. Heute werden die Abwässer über eine zeitgemäße Kanalisation abgeleitet, und man kann das unterirdische Antwerpen während einer drei Stunden dauernden Führung erkunden.
suikerrui 21, www.ruihuis.be, telefon: 03 2320103, geöffnet: siehe website, eintritt: 2,50 €, führung: 16 €, straßenbahn: 3, 5, 9 & 15 groenplaats

⑯ Im Schatten der Kathedrale kann man samstags auf dem **Antikmarkt** stundenlang herumstöbern. Wer zwischendrin eine kleine Verschnaufpause braucht und dabei die anderen Schatzsucher beobachten will, findet genügend geeignete Straßencafés.
lijnwaadmarkt, geöffnet: sa 9.00-17.00 (ostern-okt.), straßenbahn: 10 & 11 melkmarkt

Antwerpen – Historisches Zentrum

SPAZIERGANG 1

Startpunkt ist der Groenplaats. Von hier geht es über die Reyndersstraat Richtung Schelde. Dabei kommen Sie an einigen besonderen Läden (1) (2) (3) und einem Sternerestaurant (4) vorbei. In die Pelgrimstraat einbiegen (5), um das Antwerpen des 16. Jahrhunderts zu entdecken (6). Links zum Oude Koornmarkt, der einstigen "Pitastraße", gehen (7) (8) (9). Verpassen Sie den Vlaeykensgang (10) nicht, wo das Mittelalter noch allgegenwärtig ist. Etwas weiter finden Sie ein Haus, das eine Buchhandlung und ein Hotel beherbergt (11). Links am Suikerrui können Sie in das unterirdische Antwerpen abtauchen (12). Ein paar Schritte zurückgehen, um den Großen Markt (13) zu sehen. Im Café Den Engel (14) neben dem Rathaus findet regelmäßig der gemütliche Teil der Stadtratssitzung statt. Der Papenstraatje in Richtung Kathedrale (15) folgen. In die Blauwmoezelstraat abbiegen und die verwinkelten Gassen entdecken, in denen samstags der Antikmarkt stattfindet (16) (17). Nach erfolgreichem Beutezug gibt es ein Duvel-Bier im Kathedraalcafé (18) oder einen Cocktail (19). Am Melkmarkt (20) (21) links abbiegen und dann rechts in die Wijngaardstraat spazieren. Der Conscienceplein (22) (23) gehört zu den bestgehüteten Geheimnissen der Stadt. Den Platz Richtung Wolstraat überqueren, in der sich links ein Reiscafé (24) befindet. Ein paar Schritte zurückgehen, um über den Minderbroedersrui zur Keizerstraat zu gelangen und ein Patrizierhaus (25) zu besuchen. Der Straße bis zum Ende folgen und links abbiegen. Dann rechts über die Kattenstraat, den Zwanengang, die Rozenstraat und den Ossenmarkt zum Begijnhof (26) gehen. Durch das Studentenviertel bummeln und in einem Café am Stadswaag (27) ein erfrischendes Bier genießen. Über die Mutsaardstraat erreichen Sie das Letterenhuis (28), in dem die Geheimnisse großer flämischer Schriftsteller aufbewahrt werden. Danach bei Normo (29) einen Kaffee trinken. Über die Jeruzalemstraat Richtung Lange Koepoortstraat (30) (31) spazieren. Links in die Zirkstraat einbiegen, um spanische Köstlichkeiten zu kaufen (32) oder um etwas zu essen (33). Wieder links in die Lange Doornikstraat (34) gehen und den Ruckersplaats überqueren, um zum Museum Vleeshuis (35) zu gelangen. Die Treppen zum Het Steen (36), dem früheren Gefängnis, hinabsteigen. Den Spaziergang links daneben am Waterplein (37) abschließen.

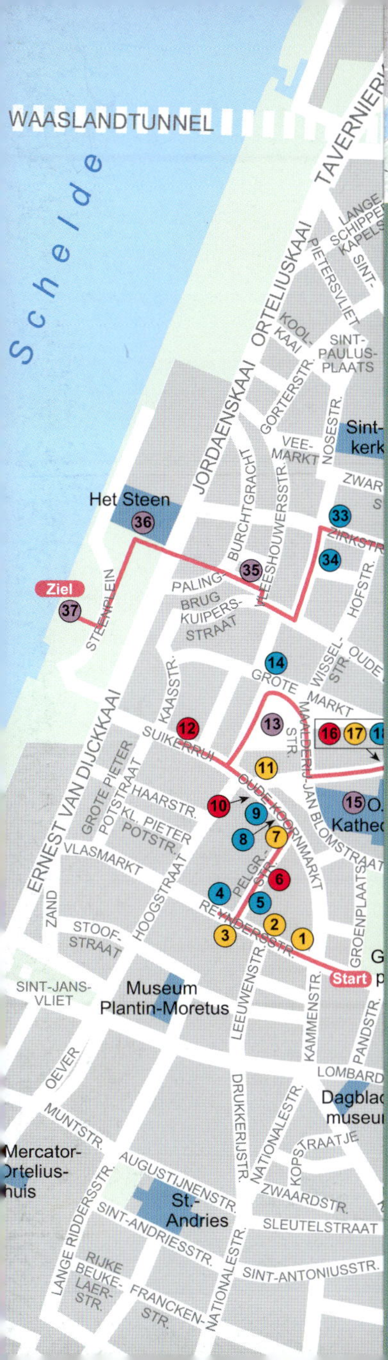

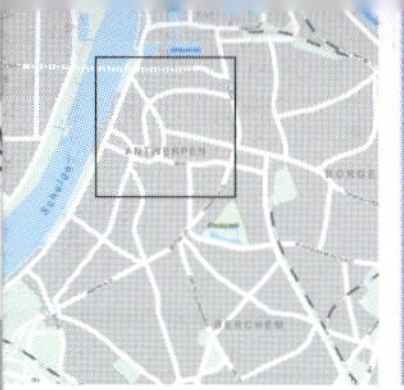

1. Stephan Schneider
2. MoMade Cupcakes
3. De Vagant
4. Lam & Yin
5. TapaBar
6. Pelgrom
7. Belgian Heritage
8. Zaowang
9. Popoff
10. Vlaeykensgang
11. Othello
12. *ruien*
13. Großer Markt
14. Den Engel
15. Liebfrauenkathedrale
16. Antikmarkt
17. Happy Lights
18. Kathedraalcafé
19. Cocktails at Nine
20. Akotee/Akotwee
21. Jozefien
22. Hendrik Conscienceplein
23. Sint-Carolus Borromeuskerk
24. Via Via Reiscafé
25. Rockoxhuis
26. Begijnhof
27. 't Waagstuk
28. Letterenhuis
29. Normo Coffee
30. Big Five
31. Paleis
32. El Valenciano
33. Le Zoute Zoen
34. In de Gloria
35. Museum Vleeshuis
36. Het Steen
37. Waterplein

Antwerpen – Het Zuid & Nieuw Zuid

Trendig, aufregend und kreativ

Wer vor 25 Jahren Het Zuid einen Hotspot genannt hätte, wäre für verrückt erklärt worden. Heute gehört die Gegend tatsächlich zu den beliebtesten Flecken der Stadt. Wo einst niemand mehr wohnen wollte, kostet ein Domizil jetzt ein kleines Vermögen. Entstanden ist Het Zuid im späten 19. Jahrhundert als Wohnquartier für Wohlhabende. Die Architektur der Häuser und den Grundriss des Viertels mit breiten Alleen und einem sternförmigen Straßennetz hatte man sich in Paris abgeschaut. In jener Zeit war Het Zuid ein pulsierendes Wohn- und Hafenviertel mit einem Dockhafen (heute Gedempte Zuiderdokken), Lagerhäusern, dem Museum für Schöne Künste, einer Pferderennbahn, schönen Plätzen und Boulevards. Als der Hafen zugeschüttet wurde, zogen Betriebe und Bewohner weg – und es folgte der Niedergang. In den späten 1980er-Jahren erreichten die Immobilienpreise ihren Tiefststand.

Dann kam die Wende. Zahlreiche Künstler und Fotografen nahmen die Gelegenheit wahr, für wenig Geld eine Immobilie zu erwerben. Ihnen folgte ein

2

eher junges Publikum. Häuser und Wohnungen wurden renoviert, und das Viertel erfuhr einen enormen Aufschwung. Heute ist Het Zuid ein lebendiger Stadtteil mit zahllosen Cafés, Bars, Restaurants und Läden und nach wie vor das künstlerische Herz der Stadt, das mit einer Vielzahl von Galerien und drei interessanten Museen auftrumpft. Die Gedempte Zuiderdokken dienen als Parkplatz und als Bühne für große Veranstaltungen wie den sechs Wochen dauernden Jahrmarkt "Sinksenfoor", der alljährlich ab Pfingsten stattfindet.

Auch die Stadtverwaltung hat ihren Teil zur Verschönerung des Viertels beigetragen. Die Leien, die langen Verbindungsstraßen, wurden erneuert und am Ende ein Justizpalast errichtet, der schon von Weitem zu sehen ist. Manche Antwerpener nennen das Gebäude mit den turmähnlichen Spitzen liebevoll "Schmetterlingspalast", andere abfällig "Pommestüte". Wie dem auch sei, das Bauwerk ist zum Wahrzeichen von Het Zuid avanciert. Inzwischen haben all diese Bemühungen auch zur Wiederbelebung des Viertels jenseits der Leien, Nieuw Zuid, geführt. Kurzum: Het Zuid ist wieder in!

6 Insider-Tipps

FotoMuseum

Besondere Fotos bewundern.

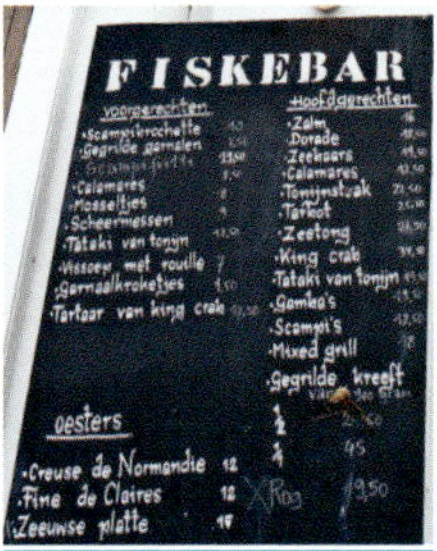

Marnixplaats

Lecker: Fisch in der Fiskebar und ein Cocktail im Vitrin.

espoo

Skandinavische Wohngegenstände erstehen.

Diepe Fontein

Auf den Treppen zum KMSKA sitzen und Leute beobachten.

Clinic

Bei Stilproblemen erste Hilfe in Anspruch nehmen.

Salon de Thé Claude

Einen *afternoon tea* genießen.

- **Sehenswürdigkeiten**
- **Essen & Trinken**
- **Shoppen**
- **100% there**

Sehenswürdigkeiten

(8) Die 1897 von einigen Arbeitern gegründete Genossenschaftsbäckerei war so erfolgreich, dass bereits vier Jahre später vom Erlös das beeindruckende **Volkshuis "Help U Zelve"** errichtet werden konnte. Dieses Jugendstiljuwel aus Backstein, Schmiedeeisen und Mosaiken steht seit 1974 unter Denkmalschutz. Auch heute noch erfüllt das Gebäude Bildungszwecke, denn seit einiger Zeit ist es im Besitz des Verbandes der Rudolf-Steiner-Schulen.
volkstraat 40, nicht öffentlich zugänglich, straßenbahn: 12 museum

(12) Das **Koninklijk Museum voor Schone Kunsten** (KMSKA) ist ein echter Klassiker unter den Museen von Antwerpen. Kein Wunder, denn es beherbergt Werke niederländischer und belgischer Meister. Bis 2017 ist das Museum wegen Renovierungsarbeiten geschlossen, daher kann das imposante Gebäude derzeit nur von außen besichtigt werden. Die Sammlung jedoch ist auf Tour, vielleicht bekommen Sie sie an einem anderen Ort zu sehen.
leopold de waelplaats 2, www.kmska.be, telefon: 03 2387809, öffnungszeiten und preise siehe website, straßenbahn: 12 oder bus: 23 museum

(14) Wer um das Museum für Schöne Künste herumgeht, dessen Blick wird unweigerlich von einem Jugendstilhaus angezogen: De Vijf Werelddelen, ein Gebäude, aus dessen Fassade ein Schiff herausragt. Der Bauherr des Hauses, das meistens nur **"Het Bootje"** genannt wird, betrieb früher eine Reparaturwerkstatt für Holzboote.
eckhaus schildersstraat 2, nicht öffentlich zugänglich, straßenbahn: 12 oder bus: 23 museum

(15) Als Antwerpen im späten 19. Jahrhundert von Heerscharen jüdischer Zuwanderer bevölkert wurde, ertönte bald der Ruf nach einem jüdischen Gotteshaus. 1893 öffnete die **Synagoge Shomré Hadass** ihre Pforten, die auch die "holländische Synagoge" genannt wird, da sie von zahlreichen Juden aus den Niederlanden besucht wurde. Das prachtvoll im neomaurischen Stil erbaute Gebäude ist innen von spanisch-arabischen Elementen geprägt.
bouwmeestersstraat 7, nicht öffentlich zugänglich, straßenbahn: 12 oder bus: 23 museum

(25) Das **Museum van Hedendaagse Kunst Antwerpen** (MHKA) zeigt zeitgenössische Kunst von den 1970er-Jahren bis heute. Es werden auch regelmäßig Sonderausstellungen veranstaltet. Die Themen reichen von Fotos über Hörspiele, Musik bis zu Skulpturen.
leuvenstraat 32, www.muhka.be, telefon: 03 2609999, geöffnet: di & mi & fr-so 11.00-18.00, do 11.00-21.00, eintritt: 8 €, straßenbahn: 12 museum

(26) Das **FotoMuseum** gehört zu den schönsten Museen Antwerpens und präsentiert Werke bekannter und weniger bekannter Fotografen. Ob Kunstfotografien, Pressebilder oder sogar Kriminalfotos – interessante Ausstellungen gibt es immer. Im gleichen Gebäude befindet sich das Filmmuseum, in dem alte und neue Filme gezeigt werden.
waalsekaai 47, www.fotomuseum.be, telefon: 03 2429300, geöffnet: di-so 10.00-18.00, eintritt: 7 €, straßenbahn: 12 pacificatie

(33) Wer sich Antwerpen von Süden her nähert, kann den **Justizpalast** nicht übersehen. Die Spitzen auf dem Dach haben dem Gebäude den Namen "Schmetterlingspalast" eingebracht. Richard Rogers' Entwurf ist nicht nur außergewöhnlich, sondern zeichnet sich auch durch Nachhaltigkeit und Umweltfreundlichkeit aus.
bolivarplaats 20, nicht öffentlich zugänglich, straßenbahn: 12 bolivarplaats

HET BOOTJE ⑭

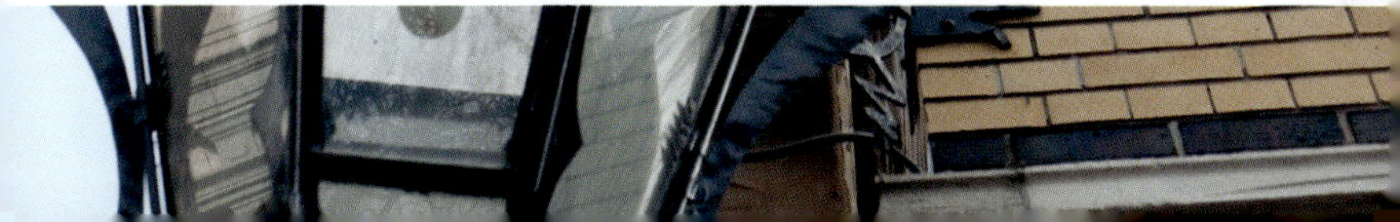

⑥ **FISKEBAR**

Essen & Trinken

(6) Als der Däne Nikolaj Kovdal sich in Antwerpen niederließ, hatte er die Liebe zum Fisch bereits mit im Gepäck. Kurz danach gründete er seine **Fiskebar**, ein Fischrestaurant mit einem klaren Konzept: einfache Gerichte, fangfrischer Fisch, unverwechselbarer Geschmack, bezahlbares Essen. Der Erfolg gab ihm recht. Das Angebot an Gerichten finden Sie auf den handgeschriebenen Tafeln an der Wand. Für den kleinen Hunger zwischendurch oder einen Aperitif empfiehlt sich das kleine Schwesterlokal nebenan: die Osterbar.
marnixplaats 12-13, www.fiskebar.be, telefon: 03 2571357, geöffnet: mo-do 12.00-14.30 & 18.00-22.00, fr-so 12.00-22.30, preis: 15 €, straßenbahn: 4 & 12 tropisch instituut

(7) Am gleichen Platz wie die Fiskebar liegt auch die Bar **Vitrin**. Da bietet es sich förmlich an, erst köstlichen Fisch zu essen und anschließend in dieser netten Bar einen Cocktail zu genießen. An warmen Abenden sitzt man auf den Holzbänken vor der Tür. Wer in den Soul Suites direkt über dem Lokal oder in der Nähe wohnt, hat es nicht weit zum morgendlichen Kaffee.
marnixplaats 14, www.vitrin.eu, telefon: 0485 179858, geöffnet: täglich ab 10.00, preis: cocktail 7 €, straßenbahn: 4 & 12 tropisch instituut

(16) Das 1978 eröffnete **Izumi** gehört zu den ältesten (und besten) japanischen Restaurants der Stadt. Seine Beliebtheit hat das Lokal sicher nicht der Einrichtung zu verdanken, denn die scheint sich seitdem nicht mehr verändert zu haben. Der wahre Grund sind die kunstvollen Sushiröllchen des Küchenchefs.
beeldhouwersstraat 44, www.izumi.be, telefon: 03 2161379, geöffnet: di-sa 12.00-14.00 & 18.30-22.00, preis: 30 €, straßenbahn: 12 oder bus: 23 museum

(17) Nur einen Steinwurf von den derzeit beliebtesten Cafés und Kneipen entfernt liegt das beste Pita-Restaurant im Stadtteil 't Zuid: **Finjan**. Ideal für Nachtschwärmer, die nach einem langen Abend Lust auf Pita oder Falafel haben.
graaf van hoornestraat 1, www.finjan.be, telefon: 03 2487714, geöffnet: täglich ab 11.30, preis: 8 €, straßenbahn: 12 oder bus: 23 museum

(21) Ob Brot, Torten oder Wassereis: Inhaberin Tine stellt alles selbst und frisch her. Das erklärt, warum man bei **Tinsel** manchmal etwas länger warten muss. Umso größer ist dann aber der Genuss. Probieren Sie doch die Pancakes mit Blaubeeren oder den Joghurt mit hausgemachtem Knuspermüsli.
vlaamsekaai 40, www.tinsel.be, telefon: 03 2560389, geöffnet: mo 8.30-16.00, mi & do 8.30-18.00, fr 8.30-19.00, sa & so 9.00-19.00, preis: 8 €, straßenbahn: 12 oder bus: 23 museum

(23) Die **Brasserie Zurich** ist so ein Ort, an dem man bei einer Tasse Kaffee in aller Ruhe die Zeitung lesen oder nach einer langen Nacht stundenlang frühstücken kann. Die Einrichtung ist nichts Besonderes, das tut der Beliebtheit des Lokals aber keinen Abbruch. Gute traditionelle Gerichte wie *stoofvlees met friet* (Kochfleisch mit Pommes) kann man hier übrigens auch essen.
verlatstraat 2, www.cafezurich.be, telefon: 03 2384967, geöffnet: mo-do 7.30-0.00, fr 7.30-1.00, sa 10.00-1.00, so 10.00-0.00, preis: 15 €, straßenbahn: 12 oder bus: 23 museum

(28) Ohne vorherige Reservierung hat man im **Al Dente** keine Chance. Und das wäre schade, denn das italienische Restaurant gehört seit Jahren zu den beliebtesten Lokalen des Stadtteils 't Zuid. Pizzen sucht man hier vergeblich, aber das ist angesichts der umfangreichen Speisekarte mit verschiedenfarbigen Nudelgerichten in Hülle und Fülle absolut zu verschmerzen.
vlaamsekaai 52, www.aldente.be, telefon: 03 2370990, geöffnet: di-fr 12.00-14.00 & 18.00-22.30, sa 18.00-23.00, preis: 20 €, straßenbahn: 12 museum

(29) Manuel, der Inhaber der Cocktailbar **Sips**, lernte sein Fach an Bord eines Luxusliners. Und das merkt man, denn sein Cosmopolitan ist einfach einmalig! Sogar der Champagner scheint hier noch spritziger zu sein als sonst wo.
gillisplaats 8, www.sips-cocktails.com, telefon: 03 2573959, geöffnet: di-do ab 16.30, fr-sa ab 18.00, preis: 7 €, straßenbahn: 12 pacificatie

(32) Im Café **De Nieuwe Linde** springen einem die bunten Deckengemälde sofort ins Auge. Dirk und Lin heißen Sie direkt am Tresen mit einem *bolleke* (Bier von De Koninck) oder einem guten Glas Weißwein willkommen.
pacificatiestraat 49, www.denieuwelinde.be, telefon: 03 2481486, geöffnet: sa-do ab 17.00, fr ab 16.00, preis: 2,50 €, straßenbahn: 12 pacificatie

VITRIN ⑦

(34) Schon bald nach seiner Eröffnung hat sich das **Walrus** einen Platz in den Herzen der Nieuw-Zuid-Bewohner erobert. Kein Wunder, denn mit der Kinderspielecke, der tollen Terrasse und den belgischen Gerichten ist das Restaurant wie gemacht für dieses Viertel.
jan van beersstraat 2, www.restaurantwalrus.be, telefon: 03 2383993, geöffnet: täglich 12.00-22.00, preis: 16 €, bus: 2 & 30 troonplaats

(35) Als wäre man bei Freunden zum Kaffee eingeladen – so fühlt sich ein Besuch bei **Starfish & Coffee** an. Tagtäglich zaubert Inhaberin Katja Köstliches aus dem Ofen hervor, stolz ist sie vor allem auf ihren Ingwertrunk. Zu Recht! Wem der Name des Cafés nichts sagt, der ist wohl kein Prince-Fan ...
bresstraat 9, starfishandcoffeeantwerpen.blogspot.com, telefon: 0486 987977, geöffnet: di-fr 9.30-18.00, so 13.00-18.00, preis: 5 €, bus: 1, 12 & 13 bres

⑪ ANN DEMEULEMEESTER

Shoppen

① **Baby Beluga** ist sexy, frivol, glamourös und witzig. Vor allem junge Frauen trifft man hier. Neben Tops aus Seide und Dessous können Sie Halsketten, Handtaschen, Etuis, Gürtel und Sandalen kaufen.
volkstraat 1, www.babybeluga.be, telefon: 03 2899060, geöffnet: mo-sa 10.30-18.00, straßenbahn: 12 museum

② Wer sich wundert, dass in der Volkstraat so wenige Männer unterwegs sind, der sollte bei **HENRI** vorbeischauen, da stecken sie alle. In diesem tollen *concept store* gibt es alles, was ein Mann von Welt braucht: schöne Anzüge, hippe Kleidung, stilvolle Uhren und Ledertaschen, ausgefallene Fahrräder und alle erdenklichen Männergadgets. Während ihr Begleiter sich beim Shoppen verausgabt, können die Damen sich mit einem Drink an der Bar die Wartezeit vertreiben.
volkstraat 11, www.henri-antwerp.be, geöffnet: di-mi & sa 11.00-18.30, do-fr 11.00-20.00, so 13.00-17.00, straßenbahn: 12 museum

③ Die **Biologisch-Dynamische Bakkerij** ist ein herrlicher Rückzugsort, vor allem in der dunklen Jahreszeit. Beim Eintreten wird man sofort von angenehmer Jazzmusik und dem Duft von Kaffee begrüßt. Sowohl das Frühstück als auch die Mittagsgerichte sind vegetarisch und durch und durch bio. Natürlich kann man auch einfach nur ein Brot kaufen ...
volkstraat 17, telefon: 03 2160042, geöffnet: mo-sa 8.00-18.00, so 10.00-16.00, straßenbahn: 12 museum

④ Die Schmuckdesignerin Birgit Vermuyten eröffnete ihren Laden **Zabiluz** gleich nach ihrem Studium und verkauft neben eigenen Kreationen auch Ringe, Armbänder und Halsketten anderer Designer. Hier gibt es Schmuck für jede Gelegenheit und jeden Geldbeutel.
volkstraat 65, www.zabiluz.be, telefon: 03 2570383, geöffnet: mo-sa 11.00-18.00, straßenbahn: 12 museum

㉒ DELLAFAILLE

(9) Die hippen Antwerpener haben einen neuen Hotspot: **Coffee & Vinyl**. Wie der Name bereits sagt, bekommt man hier neben Schallplatten auch Kaffee. Im hinteren Bereich des Ladens kann man in einem interessanten Schallplatten-sortiment stöbern, im vorderen Teil den Fund mit einer Tasse duftendem Kaffee feiern.
volkstraat 45, www.coffeeandvinyl.com, telefon: 03 3377793, geöffnet: di-sa 10.00-19.00, so 12.00-19.00, straßenbahn: 12 museum

(10) Ist **Vinicity** ein Weinladen oder eine Weinbar? Eigentlich beides. Denn hier können Sie die Flasche, die Sie aus einem großen Sortiment von Weinen aus Europa und Übersee ausgewählt haben, sofort entkorken und genießen. Kein snobistisches Gehabe oder önologisches Blabla – jeder ist willkommen, der sich für Wein interessiert.
karel rogierstraat 40, www.vinicity.com, telefon: 03 3453344, geöffnet: di-so 11.00-22.00, straßenbahn: 12 oder bus: 23 museum

(11) **Ann Demeulemeesters** neueste Kollektion hängt locker über Ankleide-puppen drapiert, die von der Decke hängen. In diesem prachtvollen und ge-räumigen Haus bekommen ihre Entwürfe den Platz und die Aufmerksamkeit, die sie verdienen.
leopold de waelplaats 3, www.anndemeulemeester.be, telefon: 03 2160133, geöffnet: mo-sa 11.00-19.00, straßenbahn: 12 oder bus: 23 museum

(20) Wer Stilprobleme hat, sollte sich bei **Clinic** einweisen lassen. Die Auswahl ist riesig, daran wird Ihre Genesung bestimmt nicht scheitern. Süchtige, denen nichts zu teuer ist, können das Hospital gegenüber ansteuern. Der Modeladen in den ehemaligen Ställen der Pferderennbahn ist ein Paradies für Fashionistas, die sich Mode von Topdesignern, Haute Couture sowie Luxusaccessoires leisten können. Verführerische Lingerie finden Sie bei **Sinns** nebenan.
de burburestraat 5, www.clinicantwerp.com, telefon: 03 2486911, geöffnet: di-sa 10.00-18.30, so 13.00-18.00, straßenbahn: 12 oder bus: 23 museum

(22) Wer einen Blick ins Schaufenster von **Dellafaille** wirft, dem wird vor lauter köstlichen Obsttorten, frischen *koffiekoeken* (Plunder) und *patékes* (süße Pasteten) sofort das Wasser im Mund zusammenlaufen. Vor allem am Sonntagvormittag gilt: anstehen und warten – aber es lohnt sich.
museumstraat 2, www.dellafaille.eu, telefon: 03 2573708, geöffnet: mo & sa 7.30-18.00, mi-fr 7.30-18.30, so 7.30-16.30, straßenbahn: 12 oder bus: 23 museum

(24) Im **Prinses op de Erwt** können Mütter für sich und ihren Nachwuchs in einem märchenhaften Ambiente nach Herzenslust einkaufen. Ein guter Tipp für bunte und ausgefallene Babysachen.
graaf van egmontstraat 1, www.prinsesopdeerwt.be, telefon: 03 2164118, geöffnet: di-sa 10.00-18.00, straßenbahn: 12 museum

(27) Wer seinem trauten Heim einen skandinavischen Anstrich verpassen will, sollte sich unbedingt bei **espoo** umschauen. Neben Möbeln finden Sie hier schöne Wohn- und Lifestyle-Accessoires: Stühle von HAY, Lampen von Muuto, Gläser von Norman Copenhagen, Kissen von ferm Living, um nur einige zu nennen. Am liebsten würde man gleich hierbleiben.
vlaamsekaai 57, www.espoo.be, telefon: 03 2375797, geöffnet: di-fr 10.00-12.30 & 13.00-18.00, sa 10.00-18.00, straßenbahn: 12 museum

(30) Die nostalgische Neonreklame des **Ateliers Assemblé** macht neugierig. Ist man erst einmal drinnen, fühlt man sich in der Zeit zurückversetzt. "Back to the future" hätte das Credo der Gründerinnen dieses Ladens heißen können. Das Besondere: Sie erfüllen die Wünsche jeder Frau, denn die Kleidungsstücke der Kollektion können auf Wunsch maßgefertigt werden.
leopold de waelstraat 30, www.atelierassemble.be, telefon: 03 2160306, geöffnet: mi-sa 11.00-18.00, straßenbahn: 12 museum

(31) Die jüngste Generation der Familie Van Gils, eines Spezialisten für Herrenanzüge, macht mit einem neuen Konzept von sich reden, das modebewusste Männer bestimmt anspricht: maßgeschneiderte, bis in die Details auf den Kunden zugeschnittene Anzüge, die kein Vermögen kosten. Die Kundschaft von **Café Costume** ist entsprechend zeitgemäß.
emiel banningstraat 11, www.cafecostume.com, telefon: 03 2573002, geöffnet: (nach vereinbarung) mo-di 9.30-17.00, mi 9.30-18.00, do & fr 10.00-19.00, sa 10.00-17.00, straßenbahn: 12 pacificatie

30

3

100% there

(5) Im **Salon de Thé Claude**, einem Lokal mit französischem Flair, setzt Claude de Burie alles daran, Sie rundum zu verwöhnen. Gönnen Sie sich einen köstlichen *afternoon tea*, bunte Makronen, etwas von dem Gebäck auf silbernen Tellern oder ein Glas Cava.
scheldestraat 79, www.salondetheclaude.be, telefon: 03 2370501, geöffnet: mi-fr 12.00-18.00, sa-so 10.00-18.00, straßenbahn: 12 museum oder bus: 22 nationalestraat

(13) An einem warmen Sommertag wissen die Antwerpener, wo es sich prima aushalten lässt: auf den Treppen zum Museum für Schöne Künste. Hier kann man Passanten beobachten und den Brunnen **Diepe Fontein** der Künstlerin Cristina Iglesias bewundern. Der Brunnen, der sich alle 20 Minuten entleert, um dann wieder voll zu laufen, ist der ideale Ort, um die Seele baumeln zu lassen.
leopold de waelplaats, straßenbahn: 12 oder bus: 23 museum

(18) Der Stadtteil 't Zuid ist das pulsierende Zentrum der Antwerpener Kunstszene. In den 1980er-Jahren waren es Künstler, die hier günstige Immobilien erwarben, renovierten und so das Viertel vor dem Verfall retteten. **Galerien** gibt es daher in Hülle und Fülle. Minneke van Campen von der Galerie Van Campen & Rochtus hat ein Näschen für junge Talente, die Galerie Jamar am Cockerillkaai ist auf moderne Kunst belgischer Künstler spezialisiert (*www.galeriejamar.be*). Besondere Werke ersteigern können Sie im Auktionshaus Bernaerts in der Verlatstraat (*www.bernaerts.be*).
leopold de waelplaats 24a, www.galerievcr.be, telefon: 03 2940662, geöffnet: do 12.00-21.00, fr-so 14.00-18.00, straßenbahn: 12 oder bus: 23 museum

(19) Das Credo von **Mmmmh!** – "Ich koche, du kochst, er kocht" – sollte man als Gast wörtlich nehmen, denn hier kann man sich nicht einfach so an den Tisch setzen. In diesem Lokal ist man selbst gefordert: In Kochkursen von Profis für Hobbyköche werden aus frischen Zutaten köstliche Menüs zubereitet, die man anschließend natürlich essen darf. Wenn alles geklappt hat, sollte Ihren Lippen dann ein "Mmmmh!" entweichen.
de burburestraat 6-8, www.mmmmh.be, telefon: 03 2322545, geöffnet: nach vereinbarung, straßenbahn: 12 oder bus: 23 museum

DIEPE FONTEIN 13

Antwerpen – Het Zuid & Nieuw Zuid

SPAZIERGANG 2

Über die Volkstraat mit ihren besonderen Läden 1 2 erreichen Sie das Herz des beliebten Viertels. Berühmt ist die Gegend für ihre vielen guten Lokale, sogar ein Biogericht zur Mittagszeit ist hier kein Problem 3. Danach bei Zabiluz 4 Schmuck vom Designer kaufen. Links in die Scheldestraat abbiegen, um einen Tee 5 zu genießen. Fisch- und Cocktailliebhaber kommen am Marnixplaats auf ihre Kosten 6 7. Zur Scheldestraat zurückgehen und links wieder in die Volkstraat einbiegen, um ein herrliches Jugendstilhaus zu bewundern 8, Schallplatten 9 zu kaufen oder tolle Weine 10 zu kosten. Danach warten eine Terrasse am Leopold De Waelplaats, Designerkleidung 11 oder ein Museum 12 mit einer großen Treppe und einem Brunnen 13, wo sich Einheimische gern aufhalten. Das Museum umrunden (Schildersstraat), um "Het Bootje" 14 und die Synagoge 15 zu besichtigen und ein paar kulinarische Klassiker auszuprobieren 16 17. Zum Leopold de Waelplaats zurückkehren, um sich an den Schaufenstern der Galerien zu ergötzen 18. In die De Burburestraat einbiegen, um an einem Kochkurs teilzunehmen 19 oder einen hippen Laden 20 zu besuchen. Rechts am Vlaamsekaai können Sie köstlich essen 21 22 23. Weitergehen und die Scheldestraat überqueren, wenn Babysachen gerade Ihr Thema sind 24. Über den Waalsekaai, den einstigen Dockhafen, zurückgehen. Das Haus mit dem Rundturm beherbergt ein Museum 25. Dem Waalsekaai Richtung FotoMuseum 26 folgen und den Gillisplaats überqueren. Links wieder in den Vlaamsekaai einbiegen, wo Sie skandinavische Wohnaccessoires finden oder köstlich Italienisch essen können 27 28. Umdrehen und links abbiegen, am Waterpoort 29 vorbei. Hier sehen Sie bereits den monumentalen Brunnen am Lambermontplaats. Im Atelier Assemblé 30 links daneben können Sie sich ein Kleid anfertigen lassen. Auf der gegenüberliegenden Seite des Platzes in die Emiel Banningstraat einbiegen 31 32. Von Weitem erkennt man schon das Wahrzeichen des Viertels: den Justizpalast 33 am Bolivarplaats. Die Gegend jenseits der Leien, Nieuw Zuid, erlebt gerade einen Boom. Über die Jan van Beersstraat Richtung Troonplaats gehen, um etwas zu essen 34. Entdecken Sie den multikulturellen Charakter des Viertels, während Sie über die Dendermondestraat und Brederodestraat Richtung Bresstraat gehen, um den Spaziergang in einem gemütlichen Café 35 abzuschließen.

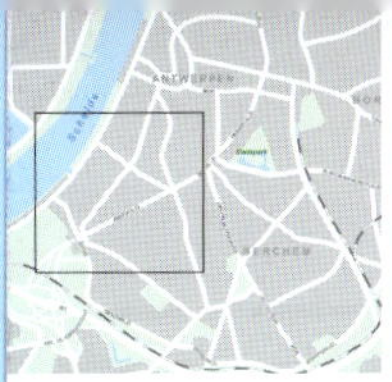

1 Baby Beluga
2 HENRI
3 Biologisch-Dynamische Bakkerij
4 Zabiluz
5 Salon de Thé Claude
6 Fiskebar
7 Vitrin
8 Volkshuis "Help U Zelve"
9 Coffee & Vinyl
10 Vinicity
11 Ann Demeulemeester
12 Koninklijk Museum voor Schone Kunsten
13 Diepe Fontein
14 Het Bootje
15 Synagoge Shomré Hadass
16 Izumi
17 Finjan
18 Galerien
19 Mmmmh!
20 Clinic
21 Tinsel
22 Dellafaille
23 Brasserie Zurich
24 Prinses op de Erwt
25 Museum van Hedendaagse Kunst Antwerpen
26 FotoMuseum
27 espoo
28 Al Dente
29 Sips
30 Atelier Assemblé
31 Café Costume
32 De Nieuwe Linde
33 Justizpalast
34 Walrus
35 Starfish & Coffee

Brügge – Burg & Zentrum Süd

Geschichtsträchtig, neue Ideen und Terrassen am Wasser

Im 9. Jahrhundert ließ der Graf von Flandern an der Stelle des heutigen Burgplatzes eine Festung errichten – das war die Geburtsstunde von Brügge. Noch heute ist der Platz mit dem gotischen Rathaus als größtem Blickfang von seiner mehr als 1000 Jahre alten Geschichte geprägt. Wer Spaß daran hat, Brautpaare zu beobachten, der ist hier goldrichtig. Denn vor allem an warmen Sommertagen lassen sich Frischvermählte hier gern ablichten und gratulieren. Auch in der Vergangenheit lockte der Bereich viele Menschen an, doch aus anderen Gründen: Bis ins 19. Jahrhundert fanden Hinrichtungen statt. Festgekettet waren die Gefangenen an schmiedeeisernen Ringen im Mauerwerk des Landhuis van het Brugse Vrije neben dem Rathaus, das noch bis 1976 als Gerichtsgebäude diente.

Weiter südlich warten noch mehr mittelalterliche Prunkstücke, aneinandergereiht wie Perlen an einer Schnur: der Begijnhof, die St.-Salvator-Kathedrale, die Onthaalkerk Onze-Lieve-Vrouwe (Liebfrauenkirche), die "Vlaamse Primitieven"

3

im Groeningemuseum, die Residenz der Herren von Gruuthuse und das ehemalige St.-Jans-Spital. Die zahlreichen Plätze, malerischen Brücken, versteckten Gassen und Straßencafés am Wasser laden zum stundenlangen Flanieren ein. In diesem Teil der Stadt legen auch Boote an. Sehenswert ist auch der abseits der Touristenströme gelegene Koningin Astridpark.

In diesem Stadtteil hat jedoch auch die Neuzeit längst Einzug gehalten: Am 't Zand entstand 2002 das hypermoderne Konzerthaus. Nicht ohne massive Proteste aus der Bevölkerung allerdings, denn einigen Einwohnern gefiel der rote Koloss absolut nicht. Inzwischen haben sich die Wogen geglättet, und das Concertgebouw ist ein wichtiger Bestandteil des kulturellen Lebens.

Die Steenstraat und die Zuidzandstraat sind die meistbesuchten Einkaufsstraßen von Brügge, in denen vor allem die großen Ketten ihre Läden haben. Tipp: Frühmorgens ist fast niemand unterwegs, dann kann man in aller Ruhe die prachtvollen alten Hausgiebel bewundern.

6 Insider-Tipps

Burg

Eines der ältesten Häuser Belgiens bewundern.

L'Estaminet

Einen Abend unter Einheimischen verbringen.

Sint-Donaaskathedraal

Im Keller eines Hotels alte Fundamente begutachten.

Groeningemuseum

Weltberühmte Werke altniederländischer Meister ansehen.

The Chocolate Line

Tonangebende Schokoladenkreationen kosten.

Rozenhoedkaai

Die Stadt vom Wasser aus erkunden.

- **Sehenswürdigkeiten**
- **Shoppen**
- **Essen & Trinken**
- **100% there**

Sehenswürdigkeiten

(6) In der **St.-Salvator-Kathedrale**, Brügges ältester Pfarrkirche (12.–15. Jahrhundert), können Sie prachtvolle Bleiglasfenster, Brüsseler Tapisserien, eine Schatzkammer mit Werken altniederländischer Meister und Prunkgräber örtlicher Bischöfe bewundern. Wieso das Gotteshaus tiefer liegt? Das Niveau der Straßen ist im Laufe der Jahrhunderte gestiegen, da man früher den Abfall einfach auf der Straße entsorgte.
steenstraat, www.sintsalvator.be, geöffnet: kathedrale mo-fr 10.00-13.00 & 14.00-17.30, sa 10.00-13.00 & 14.00-15.30, so 11.30-12.00 & 14.00-17.00, schatzkammer mo-fr & so 14.00-17.00, eintritt: frei

(9) Einst war **De Garre** eine sogenannte Brandgasse, heutzutage ist sie die schmalste und kürzeste Sackgasse der Stadt. Der Zaun entstand, als der angrenzende Bäcker es leid war, dass die Gasse und damit auch sein Vorratskeller als Pissoir missbraucht wurden. Im gleichnamigen *staminee* (Kneipe) können Sie aus 130 verschiedenen Bieren wählen.
eingang neben dem keksladen la cure gourmande, breidelstraat 10-12

(10) Der Bau einer Festung für den Grafen von Flandern im 9. Jahrhundert, heute **Burg** genannt, war die Geburtsstunde der Stadt. In unmittelbarer Nähe der damaligen Burg entstanden weitere bedeutende Bauwerke wie das Rathaus (1376) und die Basiliek van het Heilig Bloed (Heiligblutbasilika). Schon seit 1291 wird diese Reliquie in einer alljährlichen Prozession durch die Straßen getragen. Das Renaissancehaus links neben dem Rathaus beherbergte einst die Civiele Griffie (Zivilgerichtsschreiber), daneben befindet sich das klassizistische Gebäude Brugse Vrije, das noch bis 1976 als Gerichtsgebäude diente.
stadhuis, burg 12, www.museabrugge.be, geöffnet: täglich 9.30-17.00, kasse bis 16.30, eintritt: inkl. besuch von brugse vrije + audioguide 2 €

(11) Gegenüber dem Rathaus befand sich bis 1799 die **Sint-Donaaskathedraal**, die von einem Großbrand in Schutt und Asche gelegt wurde. Im Untergeschoss des benachbarten Hotel Crowne Plaza kann man die 1000 Jahre alten Fundamente der Stadtmauern, jahrhundertealte Grabstätten und fast intakte Fresken bewundern. Fragen Sie einfach bei der Rezeption des Hotels nach, ob Sie einen Blick in den Keller werfen dürfen – das freundliche Personal zeigt Ihnen den Weg.
burg 10, www.cpbrugge.com, telefon: 050 446844

⑲ Einst deckten sich die Reichen am Vismarkt mit Fisch ein, die Armen am **Huidenvettersplein**. Für Letztere gab es allerdings "nur" Süßwasserfisch. An der Säule auf dem Platz – deren Pendant inzwischen verschwunden ist – hing einst die Waage. Seinen Namen verdankt der Platz den Gerbern, die hier aus Rinderhäuten Leder herstellten. Nichts für empfindliche Nasen. Und wahrscheinlich auch der Grund dafür, dass die Figur an der Hausecke ihre Nase rümpft.
rozenhoedkaai

㉕ Schon zu Lebzeiten (15.–16. Jahrhundert) waren die altniederländischen Meister bis weit über die Landesgrenzen hinaus berühmt. Diese sogenannten "Vlaamse Primitieven" beherrschten die Ölmalerei bis zur Vollkommenheit, und ihre Werke bestachen durch großen Detailrealismus. Einige von ihnen wie Jan van Eyck, Hans Memling oder Gerard David wohnten in Brügge. Beispiele aus sechs Jahrhunderten belgischer Malerei können Sie im **Groeningemuseum** bestaunen.
dijver 12, www.museabrugge.be, geöffnet: di-so 9.30-17.00, kasse bis 16.30, eintritt: 8 €

㉖ Das Stadtpalais der Herren von **Gruuthuse** aus dem 15. Jahrhundert beherbergt heute das gleichnamige Museum. Die Familie verdiente ein Vermögen mit den Alleinrechten für Produktion und Verkauf von *gruut*, einer Kräutermischung, die damals bei der Bierherstellung benötigt wurde. Im Palais erhalten Sie einen Einblick, wie die wohlhabende Familie bis zum 19. Jahrhundert lebte. Die Gebetskapelle grenzte direkt an die Liebfrauenkirche, sodass die Familie jederzeit die Messe hören und sehen konnte.
dijver 17, www.museabrugge.be, geöffnet: di-so 9.30-17.00, kasse bis 16.30, eintritt: 6 €

㉗ Die prachtvolle **Bonifatiusbrücke** scheint schon sehr alt zu sein. Wie gesagt: scheint, denn erbaut wurde sie erst 1910. Wenn Sie die Brücke überquert haben, finden Sie in der Nähe das kleinste gotische Fenster der Stadt. So hatte die Familie Gruuthuse damals ihre Anlegestelle gut im Blick.
hinter dem gruuthuse

32

9

6

(31) Im Jahr 1936 spendete eine gewisse Frau Sander dem 1245 erbauten **Prinselijk Begijnhof Ten Wijngaarde** 8000 Narzissenzwiebeln. Da sie das blühende Ergebnis zu langweilig fand, ließ sie den Gärtner alle Zwiebeln wieder ausbuddeln und kreuz und quer neu einsetzen. Im Frühjahr können Sie diese Pracht bewundern. Denken Sie daran, dass die Tore bereits um 18.30 Uhr schließen.
begijnhof 24-28-30, www.monasteria.org, geöffnet: begijnhof täglich 6.30-18.30, begijnhuisje mo-sa 10.00-17.00, so 14.30-17.00, eintritt: begijnhof frei, begijnhuisje 2 €

(32) Vor langer Zeit war das **Minnewater** eine Anlegestelle für *Gentse bargen*, kleine Holzboote, die Personen zwischen Gent und Brügge hin- und hertransportierten. Heute ist der Bereich ein Park und der Hotspot für Frischverliebte, die ihre Blicke über das Wasser und das *sashuis* (Schleusenwärterhaus) schweifen lassen.
minnewaterpark

(36) Jahrhundertelang kümmerten sich Nonnen und Mönche des Sint-Janshospitaal (13.–14. Jahrhundert) um Arme, Kranke und Pilger. Die einstigen Krankensäle und auch die Kirche beherbergen heute im **Sint-Janshospitaal-Museum** eine imposante Sammlung, die Kunstwerke, medizinische Instrumente und Gemälde von Hans Memling umfasst. Letzterer weilte hier selbst auch einmal als Patient. Werfen Sie einen Blick in den alten Dachboden, den ehemaligen Schlafsaal und die benachbarte Apotheke mit Garten aus dem 17. Jahrhundert.
mariastraat 38, www.bruggemusea.be, geöffnet: museum di-so 9.30-17.00, kasse bis 16.30, apotheke di-so 9.30-11.45 & 14.00-17.00, kasse bis 16.30, eintritt: 8 € (inkl. onze-lieve-vrouw-ter-potterie-museum)

(37) Neben Michelangelos weltberühmtem Werk *Maria mit Kind* gibt es in der **Liebfrauenkirche** auch Grabmalereien aus dem 13. Jahrhundert und die Prunkgräber von Maria von Burgund und Karl dem Kühnen zu sehen.
mariastraat z/n, www.museabrugge.be, geöffnet: mo-sa 9.30-17.00, kasse bis 16.30, so & kirchliche feiertage 13.30-17.00, kasse bis 16.30, eintritt: 6 €

LIEBFRAUENKIRCHE (37)

Essen & Trinken

③ In der Mittagszeit kann man in Höhe der Dweersstraat ein besonderes Phänomen bestaunen: einen Pulk von Studenten mit dampfenden Nudelgerichten von **Bocca**. Probieren Sie doch auch die pikanten Nudeln des Hauses oder das immer hervorragende Wochengericht. Keine Lust auf Take-away? Dann setzen Sie sich an den hohen weißen Gemeinschaftstisch, auf dem Zeitungen liegen und von dem aus man in die Küche blicken kann.
dweersstraat 13, www.bocca.be, telefon: 050 616175, geöffnet: mo-fr 11.30-20.00, sa 11.30-19.00, preis: 5 €

④ Im **Li o Lait** bereitet Barrista und Teesommelier Li mit viel Liebe und Geduld köstliche Tees, hervorragenden Espresso, *vaniccino* (Cappuccino mit Vanille und Zimt), *slow coffee* oder *latte* für seine Gäste. Altmodische Blumentapeten, Sessel und ein alter Holzboden verstärken das gemütliche Ambiente. Kurz: der ideale Ort zum Entschleunigen und auch zum Frühstücken.
dweersstraat 30, www.liolait.be, telefon: 050 708570, geöffnet: di-sa 8.30-17.30, preis: espresso 2,20 €, mittagessen 8,50 €

⑧ Für Liebhaber der gehobenen internationalen Küche ist **De Mangerie** ein Muss. Hier gibt es zum Beispiel Ravioli mit Jakobsmuscheln, Wraps mit Fleisch von Freilandhühnern, Kaffir-Limetten-Reis oder Tajines mit handgerolltem Couscous. Auch Einheimisches wie Polderkartoffeln, handgepulte Garnelen aus Zeebrügge, Fleisch von roten flämischen Rindern ist regelmäßig auf der Speisekarte zu finden. Übrigens: Der belgische König war hier bereits zu Gast.
oude burg 20, www.mangerie.com, telefon: 050 339336, geöffnet: di-fr 12.00-13.30 & 19.00-21.00, sa 19.00-21.00, preis: mittagessen inkl. kaffee oder tee 15 €, drei-gänge-menü 39 €

⑬ Im stimmungsvollen **Restaurant Pergola**, das an einer der ältesten Brücken der Stadt liegt, bekommt man Kissen, damit man bequem sitzt. Auf der Karte finden Sie raffinierte Gerichte mit Austern, Hummer, Spargel und handgepulten Garnelen. Tipp: An warmen Tagen bietet sich die Terrasse am Wasser für eine Kaffee- oder Teepause an.
meestraat z/n, www.restaurantpergola.be, telefon: 050 447650, geöffnet: do-mo 12.00-14.15 & 18.30-21.15, preis: zwei-gänge-mittagsessen 24 €, drei-gänge-abendessen 35 €

LI O LAIT ④

⑭ Ganz in der Nähe des Koningin Astridpark befindet sich die urgemütliche Kneipe **L'Estaminet**. Zwischen Einheimischen jeden Alters können Sie Spaghetti, Moussaka oder Sandwiches bestellen und bis frühmorgens am Kamin mit Freunden *Brugse Zot* (lokale Biersorte) trinken. Von der Terrasse, die nur im Sommer geöffnet ist, blicken Sie auf den Park.
park 5, users.telenet.be/fclestaminet, telefon: 050 330916, geöffnet: di-mi & fr-so ab 11.30, do ab 16.00, preis: snack 8 €, getränk 2 €

⑯ BOOKS AND BRUNCH

⑯ Brunchen bei **Books and Brunch** ist gesund und bildet. Denn die 3000 antiquarischen Bücher in den hohen Regalen an den Wänden sind nicht nur zum Kaufen gedacht – man darf auch in ihnen schmökern. Auf der Karte stehen diverse Frühstücksvarianten, Salate, belegte Brote, Pancakes, Obst und Eis. *garenmarkt 30, www.booksandbrunch.be, telefon: 050 709079, geöffnet: di-fr 8.30-18.00, sa 9.00-18.00, preis: frühstück 9 €, mittagessen 12 €*

⑱ In der **Wijnbar Est,** einem kleinen Haus, das einst der Zunft der Kornträger gehörte, kann man heute ein gutes Glas Wein genießen. Mehr als 120 verschiedene Weine aus aller Welt, von denen 24 auch glasweise erhältlich sind, werden hier angeboten – an Sonntagabenden einschließlich Livemusik. *braambergstraat 7, www.wijnbarest.be, telefon: 050 333839, geöffnet: mi-so ab 16.00, preis: glas wein 3,50 €*

(24) In Brügge und Umgebung ist die "Bierküche" von **Den Dyver** nicht mehr wegzudenken. Zu jedem Gericht, das auf den schön gedeckten Tischen serviert wird, bieten die Biersommeliers mit großer Begeisterung ein dazu passendes Bier aus der Region an. Wem die klassische Einrichtung nicht gefällt, der kann auf die gemütliche Terrasse ausweichen.
dijver 5, www.dyver.be, telefon: 050 336069, geöffnet: do-mo 12.00-14.00 & 18.30-22.00, preis: drei-gänge-mittagessen 24 €, bier 10 €, drei-gänge-abend-menü 55 €, bier 15 €

(29) Die kleinste Gasse der Stadt verdankt ihren Namen den Badehäusern, die hier einst angesiedelt waren. Heute findet man in der Stoofstraat das charmante Restaurant **Malesherbes**. An und Anne verwöhnen in ihrem Lokal, das an ein Wohnzimmer erinnert, ihre Gäste mit französischen Klassikern und außergewöhnlichen Wochengerichten wie Osso buco auf katalanische Art. Tipp: Gönnen Sie sich als Abschluss eine Tarte tatin!
stoofstraat 5, telefon: 050 336924, geöffnet: mi-so 12.00-13.45 & 19.00-21.00, preis: 19 €

(33) Im vegetarischen Restaurant **De Bron** isst man, was auf den Tisch kommt – einzig die Größe der Portion dürfen Sie selbst bestimmen. Zum Glück besteht ein Gericht meistens aus diversen kleinen Häppchen wie Zucchini im Nussmantel, geräucherte Tofukroketten, Hirse und Püree aus Möhren und Knollensellerie. Dazu gibt es frischen Möhren-Apfel-Saft, Biowein oder eines der sieben Biobiere. Das Ergebnis: ein leckeres Mittagessen in einem lockeren, modernen Ambiente.
katelijnestraat 82, www.eethuisdebron.be, telefon: 050 334526, geöffnet: mo-fr 11.45-14.00, preis: großes gericht 11,50 €

(35) Direkt neben der Groenerei und hinter dem mittealterlichen Sint-Jans-hospitaal befindet sich das **B-IN** – Restaurant, Bistro und Loungebar in einem. Schon wegen der fantastischen Lage ist ein Zwischenstopp auf der Terrasse fast ein Muss!
zonnekemeers z/n, www.b-in.be, telefon: 050 311300, geöffnet: di-sa 12.00-14.30 & 18.30-22.00, preis: getränk 2,50 €

Shoppen

(2) Wer seiner Einrichtung ein romantisches Landhausflair verpassen will, darf den Wohn- und Deko-Laden der Sängerin Elsje Helewaut nicht verpassen. Ob karierte Geschirrtücher, Blümchenkissen, große Vorratsgläser, Geschirr oder Decken – bei **Ark van Zarren** findet man immer etwas.
zuidzandstraat 19, www.arkvanzarren.be, telefon: 050 337728, geöffnet: mo-fr 10.00-18.30, sa 9.30-18.30, so schulferien & osterferien bis aug. 15.30-18.30, im dezember 10.00-18.30

(5) Neben buntem Steingut, Teppichen, primitiver Kunst, Kolonialmöbeln und Schmuck finden Sie bei **Dar Mima** auch schöne Ledertaschen, die die Inhaberin Erika selbst entwirft. Hört sich hochpreisig an, ist es aber nicht. Denn für Erika steht fest: Da eine Frau schon aus Prinzip mehrere Handtaschen braucht, müssen die Qualität und der Preis stimmen.
st-salvatorskerkhof 18, www.darmima.be, telefon: 050 338288, geöffnet: di-sa 10.00-18.30, so 11.00-17.00

(7) Dominique Persoone zaubert Pralinen für Sternerestaurants, erhielt einen Platz im *Guide Michelin* und brachte den Rolling Stones bei, wie man "schokst", also Schokolade schnupft. Wer seine Kreationen probieren will, findet in **The Chocolate Line** seine berühmt-berüchtigten Schokolade-*Shooter* und Pralinen mit überraschenden Geschmacksrichtungen. Experimentelle Variationen wie Lotosblüte, Karamell mit Meersalz oder Lavendel bekommen Sie auch in der **Chocolaterie Dumon** an der Ecke. Und nur hier gibt es den sensationellen heißen Kakao "Brughia".
simon stevinplein 19, www.thechocolateline.be, telefon: 050 341090, geöffnet: di-sa 9.30-18.30, so-mo 10.30-18.30

(17) Wegen des großen Erfolgs hat die Boutique **Lunabloom** den winzigen Raum in einem anderen Teil der Stadt gegen einen größeren Eckladen eingetauscht. Sofie verkauft nach eigener Auskunft "alles für fröhliche Sprösslinge (0–6 Jahre) und glückliche Mütter". Und das stimmt. Ob bunte Outfits und Schlafanzüge, samtweiche Krabbelschuhe, hippe Betten, originelle Tapeten oder knallrote Retro-Schulmappen – hier finden Sie alles!
eekhoutstraat 17b, www.lunabloom.be, telefon: 050 347509, geöffnet: mo & do 14.00-17.00, di, mi & fr 10.00-12.30 & 14.00-18.00, sa 10.00-18.00

ARK VAN ZARREN ②

(21) **2be**, ein origineller Lebensmittelladen mit belgischen Schlemmereien, residiert in einem Patrizierhaus aus dem 15. Jahrhundert, in dem einst die Heiligblutreliquie aufbewahrt wurde. Bei De Beerwall im Innenhof können Sie nahezu jedes belgische Bier kaufen – inklusive passendem Glas. Ausgiebig genießen können Sie den Gerstensaft anschließend auf der Terrasse am Wasser mit Blick auf den Rozenhoedkaai.
wollestraat 53, www.2-be.biz, telefon: 050 611222, geöffnet: laden mo-fr 10.00-19.00, sa-so 10.30-19.00, bar täglich 11.00-19.00

(22) Bei **Juliette's Artisanale Koekenbakkerij**, einem Laden mit antiker Theke und großen Gläsern mit frischen Bio-Keksen, werden Sie garantiert schwach. Die Renner sind: *kletskoppen* (Mandelkekse), *Brugse achtjes* (süße Brezen), diverse Sorten Spekulatius, hier *speculoos* genannt (klassisch oder mit Ingwer, Vanille, Mandelkaffee und so weiter), und hausgemachte *speculoospasta* (Spekulatiuscreme).
wollestraat 31a, www.juliettes.be, telefon: 050 348440, geöffnet: mo-di & fr 10.00-18.00, mi-do 10.30-18.00, sa-so 10.00-18.30

(23) Sind Sie auf der Suche nach hübschem Design für Wohnzimmer, Küche, Flur, Badezimmer, Weinkeller oder Garten? Bei **Callebert** finden Sie die schönsten Produkte der besten Marken: von Jacob Jensen und Alessi bis zu Eva solo, Iittala oder Vitra. Eine Kinderabteilung gibt es ebenfalls.
wollestraat 25, www.callebert.be, telefon: 050 335061, geöffnet: mo 14.00-18.00, di-sa 10.00-12.00 &14.00-18.00, so 15.00-18.00

(28) Die Katelijnestraat ist zwar voll mit Schokoladenläden, aber nur einer ist ein echter Chocolatier: Bei **Sukerbuyc** wird alles noch vor Ort hergestellt. Wer das nicht glaubt, kann durch die kleinen Fenster an der Kastanjeboomstraat oder im Laden durch die Tür einen Blick in das Atelier werfen. Bei **De Proeverie** gegenüber serviert Familie Sukerbuyc köstliche Cupcakes und *scones*.
katelijnestraat 5, www.sukerbuyc.be, telefon: 050 330887, geöffnet: täglich 8.30-18.30

(34) Für Comic-Fans ist **De Striep** die Anlaufstelle schlechthin, und das schon mehr als 30 Jahre lang.
katelijnestraat 42, www.striepclub.be, telefon: 050 337112, geöffnet: mo 13.30-19.00, di-sa 10.00-12.30 & 13.30-19.00

JULIETTE'S ARTISANALE KOEKENBAKKERIJ (22)

100% there

(1) Ihre musikalische Begabung können Sie auf der Dachterrasse des Concertgebouw entdecken: in der **Sound Factory**. Lauschen Sie den Glocken der Stadt, spielen Sie auf den bronzenen Glocken des Glockenspiels oder erzeugen Sie mit Metallrohren mysteriöse Klänge. Das Witzigste aber ist OMNI, ein aus 108 bunten Quadraten bestehender Riesenpilz, von denen jedes einen eigenen Ton hat.
't zand 34, www.sound-factory.be, telefon: 070 223302, geöffnet: di-so 9.30-17.00, eintritt: 6 €

(12) Auch am **Vismarkt** ist die Vergangenheit allgegenwärtig: Schon seit 1821 dient dieser überdachte Säulengang jeden Vormittag (außer sonn- und montags) als Fischmarkt. Ob für den kleinen oder großen Hunger – Liebhaber von Fisch und Meeresfrüchten finden hier immer etwas. Zum Beispiel Austern, Hummersuppe oder gleich ein ganzes Menü im Fischgeschäft **Den Gouden Karpel**.
vismarkt 9-10-11, www.dengoudenkarpel.be, telefon: 050 333389, geöffnet: fischgeschäft di-sa 12.00-17.00, preis: 11 €

(15) An warmen Tagen kann man im **Koningin Astridpark** herrlich picknicken. Die Zutaten für den Picknickkorb bekommen Sie im "Goldenen Dreieck": Die Slagerij (Metzgerei) Maertens versorgt Sie mit üppig belegten Brötchen, die Bakkerij (Bäckerei) Schaeverbeke ebenfalls mit köstlichem Brot und Backwaren, Jan & Lucrèce mit Obst und Delikatessen.
koningin astridpark, läden zwischen schaarstraat, gentpoortstraat und stalijzerstraat

(20) Wer eine halbstündige Bootsfahrt durch Brügge machen will, kann am **Rozenhoedkaai** und an vier anderen Stellen an Bord gehen. Der Kai verdankt seinen Namen den Rosenhüten, die hier früher verkauft wurden. Im Mittelalter diente dieser Bereich übrigens als Salzhafen.
rozenhoedkaai, www.brugge.be/toerisme, in betrieb: märz-nov. täglich 10.00-18.00, preis: 7,60 €

VISMARKT (12)

(30) **De Halve Maan**, die einzige Brauerei, die der Stadt noch geblieben ist, gehört schon seit sechs Generationen derselben Familie. Nach einer Museums- und Brauereiführung können Sie sich selbst von der Qualität des Brugse Zot, des naturtrüben Fassbiers, überzeugen. Auf der Terrasse werden flämische Klassiker wie *stoofkarbonaden* (Rinderschmortopf) zum Bier serviert. *walplein 26, www.halvemaan.be, telefon: 050 444222, geöffnet: apr.-okt. so-fr 11.00-16.00, sa 11.00-17.00, nov.-märz mo-fr 11.00 & 15.00, sa 11.00-17.00, so 11.00-16.00 (führungen jede volle stunde), preis: 7 €*

Brügge – Burg & Zentrum Süd

SPAZIERGANG 3

Starten Sie beim Concertgebouw, um touristische Informationen zu sammeln und einen musikalischen Abstecher zur Dachterrasse (1) zu machen. Dann 't Zand über die Zuidzandstraat (2) verlassen. Gesundes Fast-Food oder einen *slow coffee* gibt es links in der Dweersstraat (3) (4), ansonsten in die Steenstraat einbiegen. Rechts im St-Salvatorskerkhof Handtaschen (5) oder gleich Brügges älteste Pfarrkirche (6) besichtigen. Am Simon Stevinplein (7) Schokolade kaufen und in die Oude Burg abbiegen, um ein fürstliches Mittagessen zu genießen (8). Durch das Tor bei den Hallen zur Linken zum Markt spazieren (wochentags von 8 bis 18 Uhr geöffnet, samstags ab 9 Uhr). Tor geschlossen? Dann den Weg über die Hallestraat zum Markt nehmen. Danach über die Breidelstraat (9) zum Burgplatz (10) (11) bummeln. In der Blinde Ezelstraat den Bogen zwischen Rathaus und Civiele Griffie bewundern. Links gelangen Sie zum Vismarkt (12). Über den Steenhouwersdijk zur Brücke aus dem 14. Jahrhundert spazieren, um einen Tisch (13) zu reservieren, oder gleich rechts abbiegen und der Meestraat und Freren Fonteinestraat folgen. Rechts zum Koningin Astridpark (14) abbiegen und durch den Park (15) hindurch Richtung Nieuwe Gentweg gehen. Am Garenmarkt (16) brunchen und danach der Eekhoutstraat folgen. Bei Lunabloom (17) rechts die Geerolfstraat nehmen. Über das Pandreitje erreichen Sie eine nette Weinbar (18). Über den Huidenvettersplein (19) zurückgehen, am Rozenhoedkaai (20) an einer Rundfahrt teilnehmen und danach in der Wollestraat (21) (22) (23) shoppen. Umkehren und geradeaus Richtung Dijver (24) (25) spazieren. Am Burgplatz links halten (26) und links abbiegen, um eine Kirche zu besichtigen. Die Brücke (27) überqueren. Die Reiterstatuen links liegen lassen und Richtung Groeningestraat bummeln. Dort in die Kastanjeboomstraat abbiegen, um Chocolatiers bei der Arbeit zuzuschauen (28). Die Katelijnestraat überqueren und über die Stoofstraat (29) Richtung Brauerei am Walplein (30) spazieren. Der Wijngaardstraat folgen, um zum Wijngaardplein zu gelangen. Die Brücke rechts nehmen, durch den Begijnhof (31) gehen und den Minnewaterpark (32) besuchen. Über die Wijngaardstraat zur Katelijnestraat zurückkehren: Hungrige gehen rechts (33), Comic-Fans links (34). Über die Walstraat und die Zonnekemeers gelangen Sie zur Terrasse am Wasser (35). Den Spaziergang in der Mariastraat mit zwei Highlights (36) (37) abschließen.

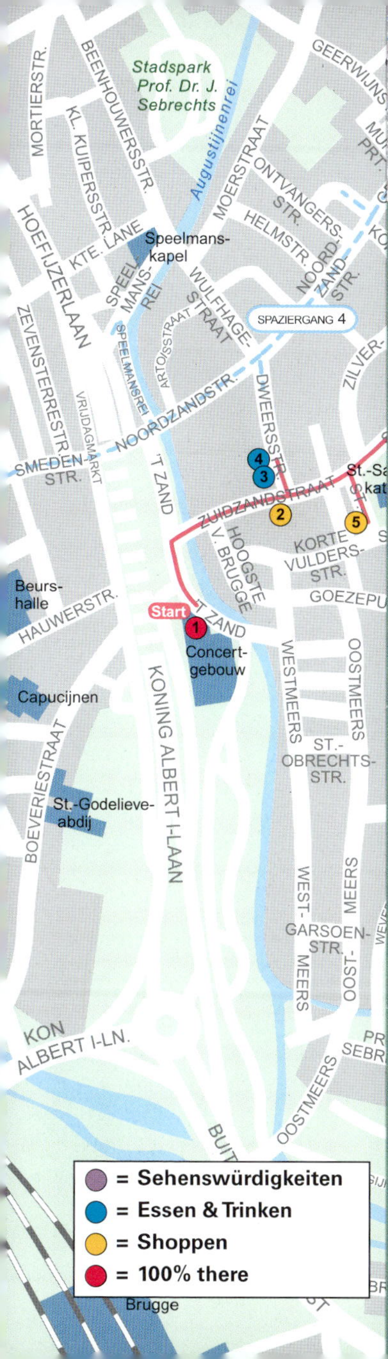

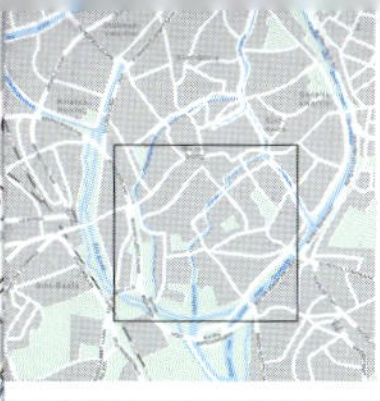

1 Sound Factory
2 Ark van Zarren
3 Bocca
4 Li o Lait
5 Dar Mima
6 St.-Salvator-Kathedrale
7 The Chocolate Line
8 De Mangerie
9 De Garre
10 Burg
11 Sint-Donaaskathedraal
12 Vismarkt
13 Restaurant Pergola
14 L'Estaminet
15 Koningin Astridpark
16 Books and Brunch
17 Lunabloom
18 Wijnbar Est
19 Huidenvettersplein
20 Rozenhoedkaai
21 2be
22 Juliette's Artisanale Koekenbakkerij
23 Callebert
24 Den Dyver
25 Groeningemuseum
26 Gruuthuse
27 Bonifatiusbrücke
28 Chocolaterie Sukerbuyc
29 Malesherbes
30 De Halve Maan
31 Prinselijk Begijnhof Ten Wijngaarde
32 Minnewater
33 De Bron
34 De Striep
35 B-IN
36 Sint-Janshospitaal-Museum
37 Liebfrauenkirche

Brügge – Markt & Zentrum Nord

Volle Terrassen, Oasen der Ruhe und originelle Läden

Der Markt mit seinem famosen Belfried ist Brügges größte Attraktion und fast immer fest in Touristenhand. Fast, denn am Mittwochvormittag sind hier mehrheitlich Einheimische unterwegs, die den Wochenmarkt besuchen. Alt und Jung halten ein Schwätzchen, während sie ihre Fahrradtaschen mit frischem Obst und Gemüse, Brot, Milchprodukten vom Bauernhof, Brathähnchen und Blumen vollstopfen. Sogar die Kutscher, die sonst am Markt ihren Standplatz haben, weichen dem Trubel. Machen Sie es wie die arbeitende Bevölkerung, die hier die Mittagspause verbringt, und kaufen Sie sich beim Vietnamesen eine Frühlingsrolle zum Mitnehmen.

Wie der Markt selbst werden auch die angrenzenden Straßencafés in erster Linie von Touristen besucht. Ausnahme: Huis Craenenburgh. In dieses Café kommen auch die Einheimischen schon seit Jahren gern. Sehr beliebt ist auch der Eiermarkt, ein urgemütlicher Platz mit Kopfsteinpflaster und Terrassen, der windgeschützt zwischen Patrizierhäusern aus dem 17. Jahrhundert liegt.

4

An den ersten schönen Tagen eine beliebte Anlaufstelle für alle Altersklassen, abends auch für die Nachtschwärmer. Ein pulsierender Platz, dem diesbezüglich nur 't Zand das Wasser reichen kann.

Die Noordzandstraat und die Geldmuntstraat sind die Einkaufsadressen für schicke Designerkleidung unter anderem von belgischen Modeschöpfern wie Luc Duchene oder Ann Demeulemeester. Wer nette Retro-Kleider, bezahlbare elegante Kombinationen oder coole Outfits sucht, wird hier ebenfalls fündig. Besonders originelle Stücke finden Sie in der Sint-Jacobsstraat und der Ezelstraat – zwei Straßen, in denen sich seit Kurzem auch einige nette (Second-hand-)Boutiquen und *concept stores* befinden.

Auch der nördliche Teil des Zentrums bietet zahlreiche Sehenswürdigkeiten wie den Jan van Eyckplein und den Prinsenhof. Die schönsten Entdeckungen warten jedoch in den stillen Gassen in der Nähe der Augustijnenrei und des alten Hafens: die Reste der ersten Stadtmauer und zwei Holzgiebel aus dem 16. Jahrhundert.

6 Insider-Tipps

Belfried

Nach 366 Stufen die tolle Aussicht genießen.

Coténoir

Ein originelles Outfit oder eine schöne Handtasche erstehen.

Jan van Eyckplein

Im alten Hafen das schmalste Haus der Stadt entdecken.

Le Merveilleux

Im Kaffee- und Teesalon neben den Bonvivants von Brügge sitzen.

Markt

Unterirdische Spuren aus Brügges Vergangenheit erkunden.

Feys-Van Acker

In die prachtvollen Keller des ältesten Weinhandels Belgiens eintauchen.

- **Sehenswürdigkeiten**
- **Shoppen**
- **Essen & Trinken**
- **100% there**

Sehenswürdigkeiten

① Hauptattraktion des Marktplatzes ist der **Belfried**. Die 366 Treppenstufen des 83 Meter hohen Turms zu überwinden, kostet etwas Mühe, aber es lohnt sich: Die Aussicht ist einfach fantastisch. Verschnaufen können Sie unterwegs in der beeindruckenden Schatzkammer. Hinter den schmiedeeisernen Toren wurden einst die Urkunden über die Stadtrechte (feuer)sicher aufbewahrt. Imposant ist auch die Ummantelung der Turmuhr, die ganze neun Tonnen wiegt. Um die Aussicht in Ruhe zu genießen, sollte man beachten, dass jede Viertelstunde das aus 47 Glocken bestehende Glockenspiel sein ohrenbetäubendes Konzert anstimmt.
markt 7, www.museabrugge.be, geöffnet: täglich 9.30-17.00, kasse bis 16.15, eintritt: 8 €

③ Weiterer Blickfang am **Markt** ist die Statue zu Ehren von Jan Breydel und Pieter De Coninck. Diese zwei Lokalpatrioten spielten eine wichtige Rolle im antifranzösischen Widerstand während der Sporenschlacht (1302). Ebenso heldenhaft waren die Arbeiter, die bis zum 18. Jahrhundert in der Waterhalle, einer überdachten Lagerhalle, die Schiffe be- und entluden. Heute befinden sich hier der neogotische Provinciaal Hof (Provinzialpalast) und die *reien*, die einstigen Kanäle, verlaufen unterirdisch. Das im 15. Jahrhundert erbaute Huis Boechoute gegenüber gehört zu den ältesten Wohnhäusern der Stadt. Mit der goldenen Kugel auf dem Dach maß man damals die Zeit. Die Patrizierhäuser an der Nordseite, etwa das Gouden Mande, das Haus der Dachdecker, stammen aus dem 17. Jahrhundert. Erzherzog Maximilian von Österreich wohnte hier einmal, allerdings gezwungenermaßen: 1488 musste er als Gefangener dabei zusehen, wie sein Gerichtsrat enthauptet wurde. Heute locken die vielen Terrassen vor allem Touristen an.
markt

⑥ Jahrhundertelang war der Platz vor dem **Huis ter Beurze** die Wall Street von Brügge. Das Haus wurde 1453 als Wechselstube der Familie Van der Buerse erbaut, daher die spätere Bezeichnung "beurs" (Börse). Daneben befinden sich die ehemaligen Logen italienischer Kaufleute: die genuesische (heute das Frietmuseum), die venezianische (heute Buchhandlung De Slegte) und die florentinische Loge (heute Restaurant De Florentijnen).
vlamingstraat 35

(10) In der Zeit zwischen dem 11. und 13. Jahrhundert entwickelte sich Brügge von einem internationalen Handelsplatz zu einem Global Player. Eine bedeutende Rolle innerhalb dieser Entwicklung spielte der **Jan van Eyckplein**, an dem einst die Schiffe festmachten. Im 1477 erbauten Tolhuis (Altes Zollhaus) wurde Zoll erhoben und gleich nebenan, im schmalsten Haus der Stadt, wohnten einst die Lastenträger. In der Poortersloge, dem Gebäude mit dem markanten Turm, betrieben im 15. Jahrhundert *poorters* (Art Patrizier) der Stadt und Händler aus dem Ausland eine frühe Form von Networking.
jan van eyckplein

(13) Wo der Spaanse Loskaai in den Kortewinkel übergeht, befindet sich eine der ältesten Brücken Brügges: die Augustijnenbrug (Augustinerbrücke). Auf der steinernen Bank, die Passanten seit 700 Jahren für eine Pause nutzen, boten einst Händler ihre Waren feil. Wer echte Stille erleben will, sollte sich auf eine Bank im Innenhof des **Jesuitenklosters** setzen. Ein paar Schritte weiter können Sie einen der zwei Holzgiebel aus dem 16. Jahrhundert betrachten, die in Brügge erhalten geblieben sind.
jezuïtenklooster, kortewinkel 10

(29) Erbaut wurde der **Prinsenhof** 1429 im Auftrag von Philipp III. (dem Guten) anlässlich seiner Hochzeit mit Isabella von Portugal, seiner dritten Frau. Das Anwesen entwickelte sich im Nu zu einem beliebten Treffpunkt für die Grafen und Herzöge Flanderns. Heute befindet sich hier das Kempinski-Hotel Dukes' Palace, Brügges einziges Fünfsternehotel. Auch Nicht-Gäste können sich gern drinnen wie draußen umsehen, wenn möglich, nicht in Sandalen oder Flip-Flops. Tipp: Für 19 Euro gibt es ein köstliches Mittagessen im großen Garten.
prinsenhof 8, www.kempinski.com/bruges, geöffnet: täglich, eintritt: frei

(33) Die Kirche **Onze-Lieve-Vrouw-Van Blindekens** befindet sich in einer stillen Seitengasse der belebten Smedenstraat. Das von der Decke herabhängende Schiff stellt eine Opfergabe an die Jungfrau Maria dar. Einer Legende zufolge entsandte sie im Jahre 1588 ein mit Getreide beladenes Schiff nach Brügge, um der dortigen Hungersnot ein Ende zu bereiten. Auch die Godshuisjes (Gotteshäuschen) hinter der Kapelle sind sehr sehenswert.
kreupelenstraat z/n, geöffnet: täglich 9.00-17.00

(36) Entspannen und unterdessen außergewöhnliche Baukunst genießen kann man am **Singel**. Die hinter der Straße Buiten Boeverievest versteckten prachtvollen Häuser im Belle-Époque-Stil liegen wie eine Insel in der Stadt: Erreichbar sind sie lediglich über eine Brücke.
singel

Essen & Trinken

② Die zwei identischen **grünen frietkotten** (Pommesbuden) vor dem Belfried stehen hier schon seit 1897. Es gilt als ungeschriebenes Gesetz, dass man einer von beiden treu bleibt, egal, wie kurz die Schlange bei der jeweils anderen Pommesbude auch sein mag. Über die Höhe der Miete, die die Pächter wohl zahlen, kursieren seit jeher die wildesten Gerüchte. Einheimische sieht man hier vor allem abends. Die Betreiber können durchaus mal unfreundlich sein, vor allem zu Touristen, dafür sind die Pommes aber einmalig.
am markt, direkt vor dem belfried, geöffnet: mo-do & so 10.00-2.00, fr-sa 10.00-6.00, preis: ab 2,25 €

⑤ Genau 40 Jahre nachdem Herman van Mullem die Tür seiner Patisserie am gemütlichen Schouwburgplein ein letztes Mal hinter sich schloss, ließ Enkel Servaas den 1888 gegründeten Familienbetrieb neu aufleben. In der **Patisserie Salon Servaas van Mullem** gibt es köstliche Pistolets und Butterkuchen. Tipp: Starten Sie in dem stilvollen Verkostungssalon in den Tag, zum Beispiel mit einem Champagnerfrühstück mit viel frischem Obst. Auch die Patisserie ist hervorragend. Zwischen März und Oktober ist die Terrasse geöffnet.
vlamingstraat 56, www.servaasvanmullem.be, telefon: 050 330515, geöffnet: mi-so 7.30-18.00, preis: kontinentales frühstück 12 €

⑦ In der einfach eingerichteten **Brasserie Forestière** kann man an netten Holztischen für wenig Geld Suppe, Nudel- und Wokgerichte, Quiches und Salate essen. In der offenen Küche im hinteren Bereich bereitet Küchenchef Kenny alles frisch zu. Leider gibt es keine Terrasse.
academiestraat 11, www.brasserieforestiere.be, telefon: 050 342002, geöffnet: mo-di & do 11.30-18.00, fr-sa 11.30-14.30 & 18.00-22.00, preis: zwei-gänge-mittagessen inkl. kaffee oder tee 12 €

⑭ Essen im **Bistro Kok Au Vin** ist gleichbedeutend mit Genuss pur. Für die Köstlichkeiten werden nur die allerbesten Zutaten verwendet: Entenleber aus Bekegem, Schinken aus Mangalica, Tauben aus Anjou oder vier Wochen gereiftes Black-Angus-Fleisch. Tipp: Mittags sind die Gerichte etwas preiswerter.
ezelstraat 21, www.kok-au-vin.be, telefon: 050 339521, geöffnet: di-sa 12.00-14.00 & 18.30-21.45, preis: zwei-gänge-mittagessen 15 €, drei-gänge-abendmenü 35 €

PATISSERIE SALON SERVAAS VAN MULLEM ⑤

⑱ Väter mit Kindern, schlaksige Jugendliche, modebewusste Freundinnen, die ihre Einkäufe bewundern, oder ältere Jahrgänge, die sich im Kino im selben Haus gerade einen Film angesehen haben – so unterschiedlich das Publikum, so vielfältig ist auch die internationale Speisekarte des Cafés **De Republiek**. Zusätzlicher Trumpf: eine geräumige Terrasse im Innenhof. Das Café ist auch eine beliebte Anlaufstelle für Nachtschwärmer.

sint-jakobsstraat 36, www.derepubliek.be, telefon: 050 340229, geöffnet: täglich ab 11.00, preis: 12 €

(26) **LUNCHBOUTIQUE DE BELEGDE BOTERHAM**

(22) Kaffee aus selbst gerösteten und gemahlenen Bohnen gibt es in der **Espressobar I love Coffee**. Das Interieur besteht aus viel Holz, aus Teelöffeln hergestellten Lampen und bequemen Sitzmöbeln, deren Kissen mit der Jute von Kaffeesäcken überzogen sind, und garantiert ein ganz besonderes Kaffee-Erlebnis. Tipp: Auch Teetrinker sind willkommen.
sint-jakobsstraat 10, www.ilovecoffee.be, telefon: 0498 516340, geöffnet: mo-sa 9.00-18.00, preis: 3 €

(25) Das **Bistro Den Amand** verbirgt sich hinter einer dunkelroten Fassade in einer Seitengasse des Marktes. Die Auswahl, die Küchenchefin Ann hier auf den Tisch zaubert, ist sehr breit: neben Fisch-, Fleisch- und Wokgerichten gibt es auch Salate, Nudelgerichte und saisonale Gerichte wie Kalbsfleisch mit Wintergemüse oder knusprigen Seebarsch mit Schwarzwurzel. Tipp: Starten Sie mit einer Portion *brapas*, ein Tapas-Teller mit lokalen Spezialitäten.
sint-amandsstraat 4, www.denamand.be, telefon: 050 340122, geöffnet: mo-di & do-sa 12.00-14.15 & 18.00-21.15, mi 12.00-14.15, preis: 18 €, menü 35 €

(26) Anders als der Name vermuten lässt, bekommt man in der modern eingerichteten **Lunchboutique De Belegde Boterham** mehr als nur dicke, originell belegte Scheiben Vollkornbrot. Franny verwöhnt ihre Gäste auch mit köstlichen Salaten mit Chorizo oder Feta oder einem italienischen vegetarischen Salat mit frisch geriebenem Parmesan.
kleine st-amandsstraat 5, www.debelegdeboterham.be, telefon: 050 349131, geöffnet: mo-sa 11.30-16.00, preis: 12 €

(27) Lust auf Eis? Dann ab zum Eiscafé **Da Vinci**, in dem Sie aus mehr als 30 Sorten wie Holunder, Ferrero Rocher oder Meringue-Karamell auswählen können. Der absolute Hit ist *noir de noir*: viel Bitterschokolade, aber kein Rahm.
geldmuntstraat 34, telefon: 050 333650, geöffnet: febr.-okt. mo-sa 11.00-22.00, so 12.00-22.00, preis: 1,30 €

(28) Für die Einrichtung des Tee- und Kaffeesalons **Le Merveilleux** haben sich Dany und Jorgen vom französischen Bistrostil inspirieren lassen. Marmorböden, weiße Anrichten, Porzellantassen und Tee in Silberkännchen. Wie zu erwarten, ist die Spezialität des Hauses *merveilleux* mit hausgemachter Himbeersoße.
muntpoort 8, www.merveilleux.eu, telefon: 050 610209, geöffnet: mo-sa 10.00-18.00, preis: kaffee 3,20 €

(32) Lust auf exotische Küche in gemütlicher Atmosphäre? Die thailändische Chefköchin des **Chang Thong Thai** verwöhnt Sie mit köstlichem Yam (Thai-Salaten), Rippchen in süßsaurer Soße sowie pikanten Currygerichten. Der Aperitif wird in einem thailändischen Wohnzimmer gereicht.
kleine hoefijzerstraat 1, www.changthongthai.be, telefon: 050 334405, geöffnet: mi-sa 18.00-22.30, so 12.00-14.30 & 18.00-22.00, preis: hauptgericht 15 €, reistafel ab 25 €

Shoppen

⑧ Es gibt eigentlich keinen vernünftigen Grund, all den Köstlichkeiten von **Patisserie Academie** widerstehen zu wollen. Denn Fettmacher wie Zucker und Butter verwendet Tom van Loock nur sparsam. Absolute Renner im wechselnden Sortiment sind die Makronen, Apfelbeignets, Éclairs und die Zitronentorte mit Meringue. Genießen können Sie all diese Leckereien am romantischen Jan van Eyckplein ein paar Schritte weiter – mit Blick auf das Wasser.
academiestraat 4, www.patisserieacademie.be, telefon: 050 689291, geöffnet: mi-fr 10.00-18.30, sa & so 8.00-18.30, feiertage 8.00-16.00

⑨ Die Einrichtung des Süßwarenladens **Confiserie De Clerck**, seit drei Generationen in Familienbesitz, sieht fast noch wie damals bei der Gründung im Jahr 1948 aus. Sogar die Süßigkeiten sind noch wie früher: weiß-rosa *nonnenbillen* (Nonnenschenkel), mit Schokolade überzogene *patersbillen* (Pfarrerschenkel), Rumbonbons, *dropmuizen* (Konfektmäuse), *poeptjes* (Pupser) und *wippers*. Die lokale Spezialität, süßen Zwieback, gibt es hier ebenfalls. Hergestellt wird dieser vom Traditionsbetrieb Oud Huis Deman.
academiestraat 19, telefon: 050 345338, geöffnet: mo & mi-sa 10.00-18.30

⑫ **Frou-Frou Retro** existiert schon seit 30 Jahren und ist das Lebenswerk von Maddy. In diesem winzigen Laden mit Schals, originellem (Secondhand-) Schmuck, eleganten Schuhen und adretten Hüten findet man bestimmt etwas, um seinen Retro-Look aufzupeppen.
genthof 6, telefon: 050 338131, geöffnet: sa-mo & mi-do 10.30-12.00 & 14.00-18.00, fr 14.00-18.00

⑰ Sie suchen etwas Sinnvolles für Ihre Sprösslinge: Bei **De Krokodil** gibt es neben pädagogisch wertvollem Spielzeug aus nachhaltigen Materialien auch nette Deko für das Kinderzimmer, Accessoires, Bücher, Gesellschaftsspiele und vieles mehr.
sint-jakobsstraat 47, www.krokodil.be, telefon: 050 337579, geöffnet: mo-sa 10.00-12.30 & 14.00-18.30

FROU-FROU RETRO ⑫

⑲ Bei **Think Twice** bekommen Sie schöne Vintage-Kleidung für wenig Geld. Die Kollektion wechselt jede fünfte Woche, in den zwei Wochen vor dem Wechsel ist daher alles reduziert. Schnäppchenjäger aufgepasst: Mit etwas Glück kostet Sie Ihr Fund am letzten Tag nur einen Euro. Mit Ihrem Einkauf tun Sie außerdem etwas Gutes, denn T2 gehört zu Humana, einer Organisation, die europaweit Wohltätigkeitsveranstaltungen organisiert.
sint-jakobsstraat 21, www.thinktwice-secondhand.be, geöffnet: mo-sa 10.00-18.00, so 12.00-18.00

㉔ FREDERIEK VAN PAMEL

(20) Hippe Teeanager kaufen ihre Klamotten bei **Leeloo**, wobei auch immer mehr Leute in den Zwanzigern und Dreißigern den kleinen Laden mit dem auffälligen Schaufenster ansteuern. Kein Wunder, denn seit über 13 Jahren durchforsten Jurgen und Xavier die internationale Modeszene nach kleinen, bezahlbaren Marken. An die 40 bieten sie in ihrer Boutique an, der Stil reicht von cool bis retro-elegant. Und umweltbewusst sind sie obendrein: Der benutzte Strom ist regenerativ erzeugt, die Tüten sind aus Papier.
sint-jakobsstraat 19, www.leeloo.be, telefon: 050 340455, geöffnet: mo-sa 10.00-18.00

(21) Wer auf weite Hosen und Blusen oder elegante Kleider und Röcke mit Rüschen steht, ist bei **Coténoir** richtig. Neben Kleidung von La Fée Maraboutée, mais il est où le soleil und Eliane et Lea finden Sie auch schöne Handtaschen, Schals und Schmuck.
st-jakobsstraat 16, www.cotenoir.be, telefon: 050 339111, geöffnet: mo 14.00-18.30, di-sa 10.00-18.30

(23) Bunte Regenschirme, knallrote Sparschweine, witzige Abfalleimer und noch viel mehr Gadgets, Kleinmöbel und Wohndeko mit hohem Kitschfaktor bekommen Sie bei **At Home**.
eiermarkt 4, telefon: 050 348044, geöffnet: mo-sa 10.00-18.30

(24) Meterhohe Blumentöpfe, die mit Ästen gefüllt sind, die bis zur Decke reichen, coole Möbel, wunderschöne Töpferwaren und originelle Vasen, die man sonst nirgendwo findet – Einkaufen im *concept store* **Frederiek van Pamel** ist wie eine Entdeckungsreise. Und immer duftet es in diesem Laden angenehm nach frischen Schnittblumen.
eiermarkt 3, www.frederiekvanpamel.be, telefon: 050 344480, geöffnet: di-sa 10.00-12.30 & 13.30-18.30

(30) Sind Sie auf der Suche nach neuen Entwürfen von Dries Van Noten, Ann Demeulemeester, Christa Reniers oder anderen renommierten belgischen Mode- und Schmuckdesignern? Dann ist **L'Héroïne**, das seit über 20 Jahren eine feste Größe in Brügge ist, die richtige Adresse.
noordzandstraat 32, www.lheroine.be, telefon: 050 335657, geöffnet: mo-sa 10.00-18.00

㉑ COTÉNOIR

(31) Die mehr als 40 Modemarken, die **Brooklyn** anbietet, lassen nicht nur die Herzen von coolen Müttern und Vätern höherschlagen, sondern auch die von den (rebellischen) Heranwachsenden. Neben den bekannten Labels gibt es hier auch weniger verbreitete wie Minimum. Die gewagten Kombinationen im Schaufenster – meistens ein Stilmix aus sportlich, elegant und cool – sind immer sehr auffällig. Bei **Miss Beaver** (Hausnummer 69) (*www.missbeaver.be*) kommen Fans von Retro-Kleidern zum Beispiel von King Louie, Trollied Dolly oder Who's That Girl auf ihre Kosten.
noordzandstraat 50, www.brooklyn.be, telefon: 050 333143, geöffnet: mo-sa 9.30-18.30

(34) In der **Smedenstraat** reihen sich die Feinkostläden aneinander: Käse bekommen Sie bei De Kaasbolle, bei Van 't vat kaufen Feinschmecker ihre Weine und Liköre direkt vom Fass, und bei De Olijfboom – ein Begriff in der Gastronomie Brügges – werden 80 Sorten Olivenöl, Tapenaden, Risottoreis und Gewürze des französischen Dreisternekochs Olivier Roellinger angeboten.
smedenstraat, www.dekaasbolle.be, www.deolijfboom.be

(35) Nur einen Steinwurf vom Zentrum entfernt befindet sich die **Villa Maria**, ein hochpreisiges, 2500 Quadratmeter großes Modeparadies mit Kleidung, Schuhen, Accessoires und Schmuck bester Qualität. Etwas günstiger wird es während der Schlussverkäufe, und in der oberen Etage gibt es erschwinglichere Markenware.
gistelse steenweg 18-28, www.villamaria.be, telefon: 050 310744, geöffnet: mo 13.00-18.30, di-sa 10.00-18.30, so 10.30-13.00

④ HISTORIUM

100% there

④ Hören Sie das Geklapper der Pferdehufe auf dem Markt? Nein? Wenn es Ihnen dazu an Vorstellungskraft fehlt, dann besuchen Sie das **Historium**, in dem Sie in das Jahr 1435 zurückversetzt werden, Brügges Blütezeit. Während der Tour fühlen und riechen Sie, wie das Leben damals war. Als roter Faden dient eine ergreifende Liebesgeschichte.
markt 1, www.historium.be, geöffnet: täglich 10.00-18.00, eintritt: 11 € (inkl. audioguide)

⑪ **Choco-Story** erzählt von 4000 Jahren Schokoladengeschichte und nimmt Sie mit auf eine Reise zu den Mayas und Azteken. Im Demonstrationszentrum können Sie Verschiedenes probieren.
wijnzakstraat 2, www.choco-story.be, telefon: 050 612237, geöffnet: täglich 10.00-17.00, eintritt: 7 €

⑮ Der 1822 gegründete Weinhandel **Feys-Van Acker** gehört zu den ältesten Belgiens. Der jahrhundertealte Gewölbekeller beherbergt mehr als 500 verschiedene Weine aus Frankreich, Spanien, Italien und Übersee. Der Keller, der im Krieg auch als Unterschlupf genutzt wurde, ist nicht frei zugänglich, aber auf Wunsch erhalten Sie gern eine Führung.
raamstraat 1bis, www.feys-vanacker.be, telefon: 050 332198, geöffnet: mo 9.00-12.00 &14.00-18.00, di-fr 8.30-12.00 & 13.30-18.00, sa 9.00-12.00 & 14.00-17.00

⑯ Bei **Zahia** gibt es fertigen Schmuck und alle "Zutaten", um selbst kreativ zu werden. Die Kommoden sind bis zum Rand mit Glasperlen, Schmucksteinen und mundgeblasenem Murano-Glas gefüllt. Els und Sylvie sind gern behilflich oder auch bereit, vor Ort ein Schmuckstück für Sie herzustellen. Schon ab 5 Euro bekommen Sie einen ganz individuellen silbernen Ohrring. Wer etwas mehr Zeit hat, kann einen Workshop besuchen.
ezelstraat 1, www.zahia.be, telefon: 050 706071, geöffnet: mo-do 10.00-13.00 & 14.00-18.00, fr-sa 10.00-18.00

Brügge – Markt & Zentrum Nord

SPAZIERGANG 4

Den Belfried (1) am Markt besteigen und sich nach getaner Arbeit frische Pommes gönnen (2). Die vielen Baudenkmäler am Markt bewundern (3) und sich zurück in die Zeit versetzen lassen (4). Den Markt über die Vlamingstraat verlassen und in der Patisserie gegenüber dem Schouwburg (5) Köstlichkeiten probieren. Bei der Börse (6) rechts in die Academiestraat einbiegen, um zu Mittag zu essen, einen Zitronenkuchen zu kosten oder sich an Süßigkeiten sattzusehen (7) (8) (9). Weiter geht es Richtung Hafen (10), wo Sie am Wasser ihre köstlichen Ankäufe genießen können. Einen Abstecher zu Choco-Story (11) machen oder gleich weiter über den Genthof Richtung Wochenmarkt (nur Mittwoch) spazieren. Der Holzgiebel, an dem Sie gerade vorbeigehen, ist einer von nur zwei in Brügge, die bewahrt geblieben sind. Am Wochenmarkt mit der Hans-Memling-Statue befindet sich ein netter Retro-Laden (12). Über den Oosterlingenplein zum Spaanse Loskaai und Kortewinkel gehen, um den zweiten Holzgiebel und andere architektonischen Juwelen (13) zu sehen. Die Vlamingbrug überqueren und die schöne Pottenmakersstraat bewundern. Jenseits des Wassers sind Reste der ersten Stadtmauer zu sehen. Rechts in der Ezelstraat können Sie fürstlich essen (14). Über das Zakske gelangen Sie zu einem der ältesten Weinkeller der Stadt (15). Zurückgehen und rechts in die Ezelstraat einbiegen, um selbst Schmuck herzustellen (16). In die Sint-Jakobsstraat spazieren, in der originelle Boutiquen, eine Espressobar und ein beliebtes Café warten (17) (18) (19) (20) (21) (22). Am Eiermarkt finden Sie zwei völlig verschiedene Einrichtungsläden (23) (24). Geradeaus gehen und am Markt rechts in die Sint-Amandsstraat einbiegen, um einen Tisch für abends zu reservieren (25). Dann links in die Kleine Sint-Amandsstraat abbiegen, um Naturbrot zu genießen (26). Oder weiter Richtung Geldmuntstraat spazieren. Gönnen Sie sich im Muntpoort eine Verschnaufpause (27) (28). Den Prinsenhof (29) besichtigen und in der Geldmuntstraat (30) (31) shoppen. Geradeaus Richtung 't Zand gehen. In der Nähe befindet sich ein Thailänder (32). 't Zand überqueren und über die Smedenstraat (33) (34) die Altstadt Richtung Villa Maria (35) verlassen. Zum Zentrum zurückkehren, direkt vor dem Smedenpoort rechts in die Buiten Boeverievest abbiegen und zum Schluss die prachtvollen Belle-Époque-Häuser im Grünen bewundern (36).

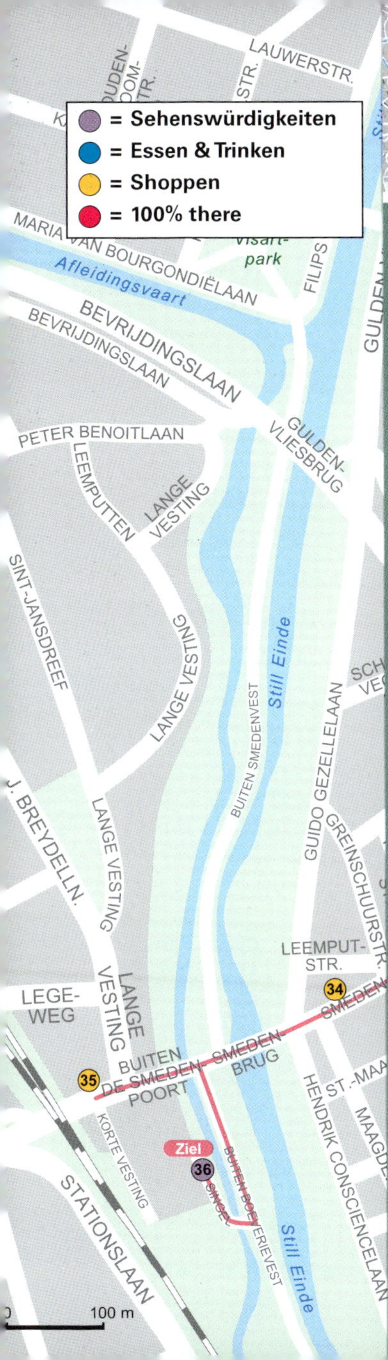

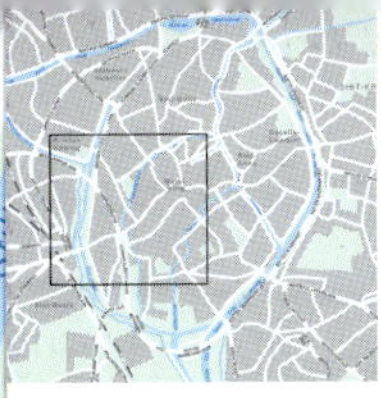

1 Belfried
2 Grüne *frietkotten*
3 Markt
4 Historium
5 Patisserie Salon Servaas van Mullem
6 Huis ter Beurze
7 Brasserie Forestière
8 Patisserie Academie
9 Confiserie De Clerck
10 Jan van Eyckplein
11 Choco-Story
12 Frou-Frou Retro
13 Jesuitenkloster
14 Bistro Kok Au Vin
15 Feys-Van Acker
16 Zahia
17 De Krokodil
18 De Republiek
19 Think Twice
20 Leeloo
21 Coténoir
22 Espressobar I love Coffee
23 At Home
24 Frederiek van Pamel
25 Bistro Den Amand
26 Lunchboutique De Belegde Boterham
27 Da Vinci
28 Le Merveilleux
29 Prinsenhof
30 L'Héroïne
31 Brooklyn/Miss Beaver
32 Chang Thong Thai
33 Onze-Lieve-Vrouw-Van Blindekens
34 Smedenstraat
35 Villa Maria
36 Singel

Gent – Historisches Zentrum De Kuip

Eine Menge Geschichte, Kultur und Wasser

In Gent fließen die Leie und die Schelde zusammen. Kein Wunder, dass der Name "Gent" im Flämischen "Mündung" oder "Zusammenfluss" bedeutet. Dank ihrer Lage und der Produktion von Wollstoffen gehörte die Stadt zwischen dem 11. und 15. Jahrhundert zu den wirtschaftlich bedeutendsten Orten West- und Nordeuropas. In jener Zeit zählte die Stadt etwa 65.000 Einwohner, nur unwesentlich weniger als das damalige Paris, aber deutlich mehr als etwa London oder Hamburg.

Schon seit jeher wird die Altstadt De Kuip genannt. Das historische Zentrum ist vergleichsweise kompakt, aber voller imposanter Sehenswürdigkeiten. Die jahrhundertealten Bauwerke zeugen eindrucksvoll von einer bedeutenden Vergangenheit. Ein absolutes Highlight ist die Sint-Baafskathedraal (St.-Bavo-Kathedrale) mit dem weltberühmten Polyptychon *Die Anbetung des Lamm Gottes* der Brüder van Eyck.

5

Das kleine Gent weist eine Vielzahl schöner Plätze, Märkte und Gassen auf, und De Kuip ist gänzlich autofrei. Daher empfiehlt es sich, die Stadt zu Fuß zu erkunden. Als Universitätsstadt und mit der Vielzahl an dort lebenden Studenten ist Gent nicht nur sehr gemütlich, sondern stellenweise auch sehr belebt.

In De Kuip gehören die zahlreichen Straßencafés, Tearooms, Restaurants und Bistros am Korenmarkt und am Sint-Baafsplein – mit Blick auf den Belfried, die Schouwburg (Theater) und die St.-Bavo-Kathedrale – zu den Hotspots. Und das auch bei weniger schönem Wetter. Ein Muss sind zudem die Straßen Korenlei und Graslei, die von alten Patrizierhäusern mit prachtvollen Treppengiebeln geprägt sind. Man kann am Wasser entlangflanieren, die Seele baumeln lassen oder eine Bootsfahrt unternehmen, zum Beispiel zu den Flüssen Leie und Schelde.

6 Insider-Tipps

Le Pain Quotidien

An einem langen Tisch auf der Terrasse ausgiebig frühstücken.

Brasserie Pakhuis

In einem alten Lagerhaus köstlich essen.

Au Bon Marché

Der Tipp für originelle Mitbringsel, Taschen oder Schmuck.

The Fallen Angels

Zwischen Kitsch und Nippes stöbern.

Korenlei und Graslei

Durch die berühmtesten Straßen der Altstadt spazieren.

St.-Bavo-Kathedrale

Die alte Kirche und *Die Anbetung des Lamm Gottes* bewundern.

- **Sehenswürdigkeiten**
- **Shoppen**
- **Essen & Trinken**
- **100% there**

Sehenswürdigkeiten

(15) Die heutige **Sint-Michielskerk** (St.-Michael-Kirche) war im 12. Jahrhundert nur eine kleine Kapelle, die zu Ehren des heiligen Michael errichtet worden war. Im Laufe der Jahrhunderte wurde sie wiederholt zerstört und anschließend wiederaufgebaut – immer ein wenig größer als zuvor. Seit 1828 zeigt sich die Kirche in der heutigen Gestalt. Nur die Sakristei fiel zu Beginn des letzten Jahrhunderts dem Bau der Sint-Michielsbrug zum Opfer. Heute kann man in diesem Gotteshaus zahlreiche Figuren und Gemälde großer Meister wie Antoon van Dyck bewundern.
sint-michielsplein, telefon: 09 2342869, geöffnet: apr.-sept. mo-so 14.00-17.00, eintritt: frei

(16) Mit der Sint-Michielsbrug im Rücken sehen Sie links vom Wasser den **Korenlei,** rechts den **Graslei**. Vom 11. Jahrhundert an wurden hier Getreideschiffe be- und entladen. Zu jener Zeit hatte Gent das Stapelrecht für Getreide, oder anders gesagt: Nur in Gent durfte das in der Grafschaft Flandern geerntete Getreide verkauft und gelagert werden. Die vielen Häuser mit den prachtvollen Treppengiebeln am Graslei zeugen von dieser Blütezeit. Die schönsten sind: das Gildenhuis van de Vrije Schippers (Nummer 14), das Korenmetershuys (Nummer 12) und das winzige Tolhuisje (Nummer 11). Heute sind die Leien mit ihren Anlegestellen für die Rundfahrtboote Touristenmagnete allererster Güte.
an der leie mitten in gent

(19) Das **Designmuseum Gent** wirkt wie die Wohnwelt einer wohlhabenden Familie aus dem 18. Jahrhundert. Das 1755 erbaute Haus gehörte Ferdinand de Coninck, einem erfolgreichen Leinenhändler. Erst nach 1922, als die Stadt das Gebäude erworben hatte, wurde hier die Sammlung der Vereinigung für Gewerbe- und dekorative Kunst untergebracht. Genau 70 Jahre später, im Jahr 1992, erhielt das Museum einen zeitgemäßen Anbau mit einem pfiffigen Detail: einem separaten Toilettenraum in Form einer Klorolle. Die heutige Sammlung ist von Exponaten aus dem 20. Jahrhundert und zeitgenössischer Kunst geprägt.
jan breydelstraat 5, www.designmuseumgent.be, telefon: 09 2679999, geöffnet: di-so 10.00-18.00, eintritt: 5 €

㉕ Das **Groot Vleeshuis** ist ein überdachter Markt aus dem frühen 15. Jahrhundert. Die sogenannten *penshuisjes* (Pansenhäuschen) an der Südostseite des Gebäudes wurden erst 100 Jahre später gebaut – aus hygienischen Gründen. Denn ab dieser Zeit mussten die Eingeweide der Tiere und andere Schlachtabfälle etwas abseits des Marktes verkauft werden. Im Laufe der Jahrhunderte dienten die Hallen mit der herrlichen Holzbalkenkonstruktion verschiedenen Zwecken. Heute finden Sie hier das Marketingzentrum für ostflämische Regionalprodukte, die *penshuisjes*, eine Pommesbude, einen Blumenladen und einen Juwelier.
groentenmarkt 7, www.grootvleeshuis.be, telefon: 09 2232324, geöffnet: di-so 10.00-18.00, eintritt: frei

㉚ Mit dem Bau des **Belfrieds**, Gents Wahrzeichen und Symbol der Unabhängigkeit, wurde 1313 begonnen, doch erst im Jahr 1380 konnte der mit einer Sturmglocke ausgestattete Wachturm vollendet werden. Im Laufe der Zeit mehrmals umgebaut und renoviert, gehören Turm und Glockenspiel seit 1999 zum Weltkulturerbe der UNESCO. Besichtigen können Sie den Turm, das Glockenmuseum und die Uhrwerkkammer; der Keller beherbergt diverse städtische Dienste. Besonderheit: Auf dem Turm wacht ein Drache über die Einwohner der Stadt.
sint-baafsplein, telefon: 09 2333954, geöffnet: täglich 10.00-18.00, kasse bis 17.30, eintritt: 5 €

㉝ Die lange Geschichte der **St.-Bavo-Kathedrale** reicht zurück in das Jahr 942. Bis ins frühe 17. Jahrhundert wurde die Kirche zum Beispiel durch Feuer oder infolge des Bildersturms mehrmals zerstört. Jedes Mal folgte ein Wiederaufbau, immer etwas größer als zuvor. Vor allem der dreischiffige Hauptteil mit dem Chor, Querschiff, Chorumgang und der Radialkapelle ist imposant. Das Gotteshaus beherbergt zahlreiche Kunstwerke, das berühmteste befindet sich in der Taufkapelle: *Die Anbetung des Lamm Gottes* der Brüder van Eyck.
sint-baafsplein 4, users.skynet.be/sintbaafskathedraal-gent, geöffnet: kathedrale 1. apr.-31. okt. mo-sa 8.30-18.00, so 13.00-18.00, 1. nov.-31. märz täglich bis 17.00, kapelle 1. apr.-31. okt. mo-sa 9.30-17.00, so 13.00-18.00, 1. nov.-31. märz mo-sa 10.30-16.00, so 13.00-16.00, eintritt: 4 €

GRASLEI ⑯

㊱ Die im späten 11. Jahrhundert und frühen 12. Jahrhundert erbaute **Sint-Niklaaskerk** (St.-Nikolaus-Kirche) war einst für reiche Kaufleute und Mitglieder der Zünfte gedacht. Belegt wird dies eindrucksvoll durch die vielen Kunstschätze, die hier aufbewahrt sind. Bereits beim Bau gab es Probleme mit der Statik, die man im 18. Jahrhundert zu kaschieren versuchte: Mauerschäden wurden mit dicken Putzschichten übertüncht und zur Stabilisierung an beiden Seiten Häuser gebaut. Im 20. Jahrhundert wurde die Kirche geschlossen und einer tief greifenden Renovierung unterworfen. Heute erstrahlt das Gotteshaus in altem Glanz.
ecke cataloniëstraat/korenmarkt, geöffnet: mo 14.00-17.00, di-so 10.00-17.00

Essen & Trinken

① Ausgiebig frühstücken kann man im **Le Pain Quotidien** täglich bis 12 Uhr. So lange ist das Frühstücksbuffet aufgebaut. Man sitzt an einem langen Tisch oder draußen auf der Terrasse mit Blick auf einen hübschen Platz mit einem Brunnen. Unbedingt probieren: *granola* (Knuspermüsli) mit frischem Obst und Biojoghurt, dazu Biobrot mit Schokocreme.
kalandeberg 10, www.lepainquotidien.be, telefon: 09 2241879, geöffnet: mo-sa 7.00-19.00, so 8.00-18.30, preis: frühstück 9,50 €, mittagessen 15 €

④ Die Slagerij **Aula** ist viel mehr als eine Metzgerei. Außer Frischfleisch und Wurstwaren bekommen Sie Käse, Gemüse, Obst, Aperitifhäppchen und Nachspeisen. Die Renner aber sind die hausgemachten, mit Salat belegten Sandwiches und Brote und die vielen frisch zubereiteten Gerichte zum Mitnehmen. Die leichten Mittagsgerichte sind sehr empfehlenswert.
voldersstraat 24, www.slagerij-aula.com, telefon: 09 2250514, geöffnet: mo-sa 9.00-18.30, preis: mittagessen 15 €

⑧ Wer in Gent ausgehen will, kann den Abend in der Champagnerbar **Chez De Beir** zum Beispiel mit einem Glas Champagner beginnen. Mehr als 30 verschiedene Sorten werden angeboten. Vielleicht noch ein paar Tapas dazu?
onderbergen 33, www.champagnebar.biz, telefon: 0475 590487, geöffnet: mi-do & sa 17.30-1.00, fr 16.30-1.00, so 11.00-14.00, preis: glas champagner 5 €

⑩ Wer gern in elegantem Ambiente tafelt, sollte unbedingt einen Tisch im **Domestica** reservieren. Das stimmungsvolle Lokal befindet sich in einem prächtigen Patrizierhaus, die Hauptfarbe der Einrichtung ist ... Schwarz. Auf der Karte stehen Klassiker mit modernem und oft auch asiatischem Touch wie Krebs mit Gemüse der Saison und grünem Curry.
onderbergen 27, www.domestica.be, telefon: 09 2235300, geöffnet: mo & sa 18.00-22.00, di-fr 12.00-14.00 & 18.00-22.00, preis: 20 €

⑫ Im gemütlichen Restaurant **Lepelblad** bietet die Speisekarte Suppen aller Art, Nudelgerichte, Salate und belegte Brötchen, im Winter auch kräftige Eintöpfe. Wer saisonale Zutaten und Kräuter schätzt, ist hier richtig.
onderbergen 40, www.lepelblad.be, telefon: 09 3240244, geöffnet: di-sa 11.30-23.00, preis: 14 €

CHEZ DE BEIR 8

(13) Gemütlich und romantisch – so lässt sich das Bistro-Restaurant **'t Oud Clooster** in zwei Worten umschreiben. Wie der Name vermuten lässt, erinnert das Lokal an ein Kloster: überall Marienfiguren, Kruzifixe, alte Kerzenleuchter und schwarze Holzbänke und -stühle. Die Speisekarte ist nicht gerade üppig, die Portionen schon. Es gibt auch immer Tagesgerichte. Die Renner: Brochette 't Oud Clooster und Moussaka mit frischem Salat.
zwarte zustersstraat 5, telefon: 09 2337802, geöffnet: di-sa ab 18.00, preis: 16 €

(14) Viele besuchen **Het Brood-Huys**, um frisch gebackenes Brot zu kaufen. Noch besser aber ist es, in dem alten Patrizierhaus zu frühstücken: Neben einem gut gefüllten Brotkorb mit Rosinenbrot, Pistolets und einem Croissant gibt es einen Käseteller, süße Köstlichkeiten und ein weich gekochtes Ei. Mittags gibt es Ciabattas und Salate.
jacobijnenstraat 12, telefon: 09 2257765, geöffnet: mo-di & do-sa 9.00-18.00, so 9.00-14.00, preis: frühstück ab 9,50 €, mittagessen 17 €

(17) Wer über den Korenlei schlendert, sollte einen Blick hinter die jahrhundertealte Fassade des **Marriotthotels** werfen. Um das authentische Stadtbild am Korenlei und Graslei zu wahren, sind die Fassaden der historischen Gebäude oft erhalten geblieben, während dahinter die Neuzeit Einzug gehalten hat. Im Patio des Hotels oder in der Bar Poppi können Sie gut eine Pause einlegen. Auf der Karte finden Sie Kaffeevariationen, Snacks und für einen Teesalon typische Gerichte. Am Abend können Sie Cocktails und angenehme Pianomusik genießen.
korenlei 10, www.marriottghent.be, telefon: 09 2339393, geöffnet: täglich 11.00-1.00, preis: kaffee 2,50 €, cocktail 8 €, snack 14 €

(18) Im **Brooderie** frühstückt man an Holztischen drinnen oder draußen auf der schönen Terrasse mit Blick auf das Designmuseum. Mittags werden hausgemachte Suppen, Sandwiches oder Salate serviert, am Nachmittag Charlotte oder Käsekuchen.
jan breydelstraat 8, www.brooderie.be, telefon: 09 2250623, geöffnet: di-so 8.00-18.00, preis: 13 €

THE HOUSE OF ELIOTT ㉒

㉒ Einen Aperitif oder Digestif bekommt man im winzigen Empfangsraum von **The house of Eliott** serviert. Das insgesamt ziemlich kleine Lokal hat eine verlockende Speisekarte, absoluter Höhepunkt ist das Hummermenü. Für Namen und Einrichtung haben sich die schwungvoll bedienenden Inhaber von einer britischen Fernsehserie inspirieren lassen, die in den 1920er-Jahren spielte.

jan breydelstraat 36, www.thehouseofeliott.be, telefon: 09 2252128, geöffnet: mo & fr-so 12.00-14.00 & ab 18.00, do ab 18.00, preis: 24 €

⑫ LEPELBLAD

(24) Das Café-Bistro **Godot** ist der ideale Ort für alle, die gute Lounge-Atmosphäre mit Musik, junge Bedienungen und eine Karte, die neben gehobenen Gerichten auch einfache Nudelgerichte umfasst, schätzen. Wer nur einen Drink genießen will, ist auch willkommen. Weiterer Pluspunkt: die schöne große Terrasse.
hooiaard 8, www.godotgent.be, telefon: 09 3298208, geöffnet: täglich 11.00-1.00, preis: 18 €

(28) Das Café **Mokabon** mit seiner klassischen Einrichtung aus schweren Holztischen und -stühlen ist sehr beliebt bei Studenten, Künstlern und Bonvivants. Kennern zufolge bekommt man hier den besten Kaffee der Stadt. Wer will, kann ein Päckchen Kaffee – ganze Bohnen oder frisch gemahlen – als Mitbringsel mit nach Hause nehmen.
donkersteeg 35, www.mokabon.be, telefon: 09 2257195, geöffnet: mo-sa 8.00-19.00, okt.-ostern mo-so 8.00-19.00, preis: kaffee 2,50 €

(32) Wer ein Lokal für verschiedene Geschmäcker sucht, sollte das **'t Vosken** neben dem Theater ansteuern: eine urgemütliche Brasserie mit sehr umfangreicher Speisekarte, die vor allem belgische Klassiker, Snacks und Salate umfasst. Probieren Sie doch mal *Gentse waterzooi* (Hühnerbrühe) oder Hähnchen mit Pommes, Apfelmus und Champignonrahmsoße.
sint-baafsplein 19, www.tvosken.be, telefon: 09 2257361, geöffnet: täglich 9.00-0.00, preis: 15 €

(37) Die **Brasserie Pakhuis** befindet sich in einem alten Lagerhaus unweit der Einkaufsstraße Veldstraat. In dem 600 Quadratmeter großen Raum, der vom portugiesischen Architekten Pinto entworfen wurde, werden Fisch- und Fleischgerichte serviert. Zu den Spezialitäten gehören Austern und Tatar. Das Lokal verfügt auch über eine Loungebar, in der Sie den Abend ausklingen lassen können.
schuurkenstraat 4, www.pakhuis.be, telefon: 09 2235555, geöffnet: restaurant mo-sa 12.00-14.30 & 18.30-23.00, fr & sa bis 0.00, bar mo-sa 11.30-1.00, fr & sa bis 2.00, preis: 20 €

Shoppen

(2) Nach Brüssel und Antwerpen gibt es jetzt auch in Gent die stylischen Ballerinas, Pumps und Sandalen von Luxusmarken wie Chloé, Dolce & Gabbana, Marc Jacobs, Versace oder Jimmy Choo – alle in einem Laden. **Imagine** finden Sie im etwas gehobeneren Shoppingbereich der Stadt. Fashionistas mit Faible für Topdesigner und Schuhe werden hier ganz sicher schwach.
henegouwenstraat 46, www.imaginegent.be, telefon: 09 2237525, geöffnet: mo 13.30-18.00, di-sa 10.30-18.00

(3) In dem Modeladen **Pand 13** ("Haus Nummer 13") hängen Kleider, Röcke, Pullis, Jacken und Mäntel unter anderem von Tara Jarmon und Yucca. Stilvoll, schick und immer mit einem Retro-Touch. Daneben gibt es eine kleine Auswahl an Halsketten, Handtaschen und Schuhen. Der Erfolg ließ den Laden aus allen Nähten platzen – seitdem gehört auch der Eckladen nebenan zu Pand 13.
henegouwenstraat 13, www.pand13.be, telefon: 09 2334700, geöffnet: mo-sa 10.00-18.00

(5) Den stilvollen alten Laden **Au Bon Marché** verlässt kaum jemand mit leeren Händen. Neben originellem Schmuck, samtweichen Handschuhen und Handtaschen aus weichem Leder gehen auch wunderschöne Schals, Hüte und Fotoalben über den Ladentisch aus dunklem Holz.
hoornstraat 4, telefon: 09 2690260, geöffnet: mo-sa 10.00-13.00 & 14.00-18.30

(6) Die Buchhandlung **Copyright** beschreibt sich selbst wie folgt: "internationale Buchhandlung für zeitgenössische Kunst, Architektur, Design, Gartenarchitektur, Fotografie, Grafikdesign und Typografie". Hier finden Sie sogar seltene Sammlerstücke.
jakobijnenstraat 8, www.copyrightbookshop.be, telefon: 09 2235794, geöffnet: di-sa 10.00-18.30

(9) Bei **A.Puur.A.** kann man viel Zeit verbringen, denn es gibt immer wieder etwas Neues zu entdecken. Inhaberin Katrien Buyle scheint ein Näschen für geschmackvolle Dinge wie Wohnaccessoires, Schmuck, Handtaschen und Kleinmöbel zu haben. Die originellen Notizbücher entwirft sie übrigens selbst.
onderbergen 56, apuura.com, telefon: 09 2230241, geöffnet: di-sa 10.00-12.30 & 13.30-18.00, fr bis 18.30

MERIDIAN (35)

(11) Nach ihrem Studium eröffnete die Modedesignerin Clarice Bressinck ihren Accessoireladen Modieus ARTistiek Hedendaags Accessoire, kurz: **M.A.R.T.H.A.** Das Kriterium für ihre Einkäufe ist lediglich ihre persönliche Vorliebe, Marken und Trends bleiben zweitrangig. Ihr Sortiment – Halsketten, Ohrringe, Mützen, Schals und Taschen aus Recyclingmaterial – ist bunt, originell, bezahlbar und überschaubar.
onderbergen 19, telefon: 09 3306640, geöffnet: di-sa 10.00-12.30 & 13.30-18.00

㉞ SPOONFUL OF SUGAR

㉑ Dem Angebot von **The Fallen Angels** kann man kaum widerstehen: Andachtsbildchen, Kugelschreiber, Blechdosen, Pin-up-Karten, altes Spielzeug, Poster – Vintage und Kitsch aus dem 18. Jahrhundert bis zu den 1960er-Jahren. Der Geheimtipp für Sammler und jeden, der Krimskrams liebt.
jan breydelstraat 29-31, www.the-fallen-angels.com, telefon: 09 2239415, geöffnet: mo-sa 11.00-12.00 & 13.00-17.45

(26) Der Wohn- und Geschenkeladen **De Huiszwaluw** bietet Originelles und Bezahlbares. Betrieben wird er von Dickie van de Velde, die – wie man unschwer erkennen kann – ein großer Fan des skandinavischen Wohnstils ist.
hoogpoort 3b, www.huiszwaluw.com, telefon: 09 2232737, geöffnet: mo-sa 10.30-18.00

(27) In Gent ist Senf von **Tierenteyn-Verlent** genauso bekannt wie das weltberühmte Altarbild *Die Anbetung des Lamm Gottes* in der St.-Bavo-Kathedrale. Schon 1790 wurde der kleine Laden gegründet und hat bis heute seinen unvergleichlichen Charme behalten. Ein kleiner, grauer Krug mit Senf und einem Mond auf dem Etikett ist ein originelles und köstliches Souvenir.
groentenmarkt 3, www.tierenteyn-verlent.be, telefon: 09 2258336, geöffnet: mo 10.00-18.00, di-do 9.00-18.00, fr 8.30-18.00, sa 9.30-18.00

(29) In der **Chocolaterie Van Hoorebeke** gibt es die echten belgischen Pralinen sowie lokale Varianten, auf jeden Fall zart schmelzend und unvergleichlich lecker. Vom Laden aus können Sie ins Atelier blicken und die Schokolademeister beim Erstellen der süßen Kunstwerke beobachten. Eine Filiale gibt es in der Jan Breydelstraat.
sint-baafsplein 15, www.chocolatesvanhoorebeke.be, telefon: 09 2210381, geöffnet: täglich 10.00-18.00

(34) In der Boutique **Spoonful of Sugar** hängen bunte Röcke von Tommy & Annika, farbenfrohe Kleidung von Janey Rocket und Retro-Pullis von Little Miss Y – alles für den Nachwuchs. Außerdem finden Sie in dem winzigen Laden originelle kleine Kunstwerke für das Kinderzimmer von Juffrouw Thea, Büchermappen und andere lustige Dinge.
bennesteeg 1b, www.spoonfulofsugar.be, telefon: 09 2237337, geöffnet: mo, mi-sa 10.30-18.00

(35) Für den Modeladen **Meridian** braucht man etwas Zeit, denn die Kollektionen von Marken wie Isabel Marant, Claudie Pierlot, Vanessa Bruno oder Turnover sind nicht nur originell, sondern auch wunderschön. Wer will, kann sich komplett neu einkleiden, denn Schuhe, Taschen oder Accessoires, unter anderem von Chie Mihara und Repetto, werden ebenfalls angeboten.
bennesteeg 25, telefon: 09 2233014, geöffnet: di-sa 11.00-18.00

100% there

⑦ Jeden Sonntag findet auf dem **Ajuinlei** ein Büchermarkt statt. Das auf Tischen ausgestellte Sortiment lädt zum stundenlangen Stöbern ein.
ajuinlei, an der leie, geöffnet: so 9.00-13.00

⑳ Der an der Leie gelegene **Appelbrugpark** ist winzig klein und besteht eigentlich nur aus einer kleinen Rasenfläche und zwei Sitzbänken. Dennoch ist der Park eine Oase der Ruhe mitten im Zentrum und bietet eine herrliche Aussicht auf den Oude Vismijn, den alten Fischmarkt. Der ideale Ort für eine Verschnaufpause und um ein Eis zu essen.
jan breydelstraat, an der leie

㉓ Gent und Wasser gehören zusammen. Anlegestellen gibt es viele am Graslei, am Korenlei und auch am Groentenmarkt. Hier kann man an Bord eines Schiffes der Rederij Dewaele gehen, die **Bootsfahrten auf der Leie und der Schelde** anbietet. Während der 40-minütigen Fahrt erfährt man alles über die bedeutendsten Sehenswürdigkeiten der Stadt. Auch andere Betreiber bieten Touren auf dem Wasser an: *www.gentwatertoerist.be*, *www.rederijdegentenaer.be* und *www.boatingent.be*.
grünes boothaus, rederij dewaele, anlegestelle korenlei 4a, www.debootjes vangent.be, telefon: 09 2291716, geöffnet: märz-nov. täglich 10.00-18.00, preis: ab 6,50 € (40 min.)

㉛ Wie in Brügge können Sie auch in Gent die bedeutendsten Sehenswürdigkeiten bequem von einer **Pferdekutsche** aus bewundern.
sint-baafsplein, am belfried, www.koetsenvangent.be, telefon: 0475 821620, geöffnet: sa-so 10.00-18.00, während schulferien täglich, preis: 30 € für 4-5 pers.

BOOTSFAHRTEN AUF DER LEIE UND DER SCHELDE 23

Gent – Historisches Zentrum De Kuip

SPAZIERGANG 5

Starten Sie am Kalandeberg mit einem Frühstück im Le Pain Quotidien (1), bevor es Richtung Koestraat geht. Dort links in die Gouvernementstraat einbiegen und am Ende links in die Henegouwenstraat und Voldersstraat (2) (3) (4). Weitergehen, um zu einem stilvollen alten Laden (5) zu gelangen. Die Predikherenbrug überqueren, um eine besondere Buchhandlung (6) zu besuchen. Zurückgehen und rechts am Ajuinlei in gebrauchten Büchern schmökern (7). Danach zweimal rechts Richtung Onderbergen einbiegen, wo Sie Accessoireläden, eine Champagnerbar und einige Cafés und Restaurants (8) (9) (10) (11) (12) finden. Links in die Zwarte Zusterstraat abbiegen, um einen Tisch für den Abend zu reservieren (13). Zur Straße Onderbergen zurückkehren und an der Ecke Kaffee trinken (14). Richtung Sint-Michielsplein spazieren, um eine Kirche (15) zu besichtigen. Zur Brücke weitergehen, um den Blick über den Korenlei und den Graslei (16) schweifen zu lassen. Die Treppen zur Linken nehmen und dem Korenlei am Wasser entlang folgen. Einen Blick in das Marriott-hotel (17) werfen. Dem Korenmarkt folgen und geradeaus in die Breydelstraat spazieren – eine Straße mit einem Museum, einigen Läden, einem kleinen Park und Essmöglichkeiten (18) (19) (20) (21) (22). Zum Korenlei zurückgehen und dann links in die Grasbrug einbiegen, um Gent vom Wasser aus zu entdecken (23). Danach am Hooiaard auf einer Terrasse etwas verschnaufen (24). Zurückgehen, vorbei am Groot Vleeshuis (25), De Huiszwaluw (26) und einem Senfladen (27). Am Kortemunt links in die Donkersteeg abbiegen, um Kaffee zu trinken (28). Über den Poeljemarkt und dem Emile Braunplein gelangen Sie zum Sint-Baafsplein, dem Platz mit einem Chocolatier (29), dem Belfried (30) und den Pferdekutschen (31). Nach einem Mittagessen in einem Bistro (32) die St.-Bavo-Kathedrale besuchen (33). Den Platz schräg überqueren, dann dreimal rechts über die Lange Kruisstraat, Korte Kruisstraat und Mageleinstraat zur Bennesteeg gehen, in der Sie einen Kinderladen (34) und eine Modeboutique (35) finden. Der Straße bis zur Sint-Niklaasstraat folgen, rechts abbiegen und die Sint-Niklaaskerk (36) bewundern. Am Korenmarkt mit dem früheren Postgebäude vorbei über die Veldstraat spazieren. Dann rechts in die Jan Van Stoppenberghestraat abbiegen, um links in der Schuurkensstraat den Spaziergang in einem schicken Restaurant (37) abzuschließen.

GRAND CASINO DE CABOURG
Promenade Marcel Proust
14390 CABOURG
Tel: 02 31 28 19 19 - Fax:02 31 28 19 15
TVA N°: FR 61 409 268 785
Pocket Bar 2 # : 18694 Bar
jeu. 06aoQt15 22:16
MARC

---

2 SPRITE PRESSION 33CL* 4.80		9.60
1 AFFLIGEM PRESSION 25CL*		5.80
1 ORANGINA 25CL*		5.10

Tot Euro 20.50

TVA%	Total	HT	Tva
20%	5.80	4.83	0.97
10%	14.70	13.36	1.34
Tot	20.50	18.19	2.31

Merci de votre visite
et a bientot ...

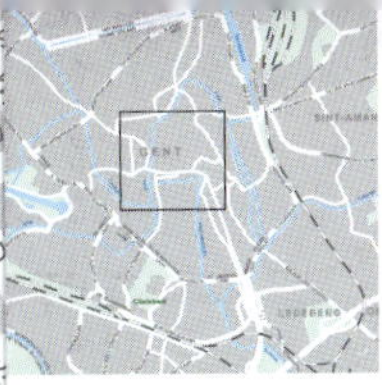

1 Le Pain Quotidien
2 Imagine
3 Pand 13
4 Aula
5 Au Bon Marché
6 Copyright
7 Ajuinlei
8 Chez De Beir
9 A.Puur.A.
10 Domestica
11 M.A.R.T.H.A.
12 Lepelblad
13 't Oud Clooster
14 Het Brood-Huys
15 Sint-Michielskerk
16 Korenlei/Graslei
17 Marriotthotel
18 Brooderie
19 Designmuseum Gent
20 Appelbrugpark
21 The Fallen Angels
22 The house of Eliott
23 Bootsfahrten auf der Leie und der Schelde
24 Godot
25 Groot Vleeshuis
26 De Huiszwaluw
27 Tierenteyn-Verlent
28 Mokabon
29 Chocolaterie Van Hoorebeke
30 Belfried
31 Pferdekutsche
32 't Vosken
33 St.-Bavo-Kathedrale
34 Spoonful of Sugar
35 Meridian
36 Sint-Niklaaskerk
37 Brasserie Pakhuis

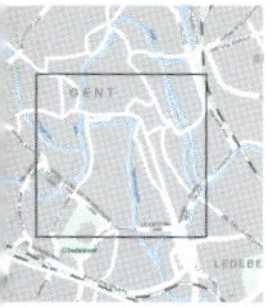

Gent – Het Zuid und Kunstviertel

Kunst, Kultur und Studenten in Hülle und Fülle

Der Süden der Stadt trägt die treffliche Bezeichnung Het Zuid und Kunstviertel. Mit "Het Zuid" ist im Allgemeinen der große Woodrow Wilsonplein gemeint. Der Name rührt von der Lage im Süden der Stadt her. Vielleicht war auch ein kleiner gleichnamiger Bahnhof, der hier früher stand – übrigens der erste Bahnhof von Gent –, der Namensgeber des Viertels. Auf dem einstigen Bahnhofsgelände sind zahlreiche städtische Dienste und auch die Stadtbücherei angesiedelt.

In diesem Viertel gibt es die schönsten Läden der Stadt. Am Brabantdam liegen zum Beispiel gehobene Modeläden, an der rundum erneuerten Vlaanderenstraat haben sich kürzlich zahlreiche Einrichtungs-, Mode- und Accessoireläden niedergelassen.

6

Der Süden von Gent wird von Studenten geprägt: In fast jeder Straße gibt es eine Fakultät der Uni oder einer Fachhochschule. Kein Wunder, dass es auch eine Gegend voller Cafés, Kneipen und Restaurants ist, die hauptsächlich von Studenten besucht wird. Hier pulsiert das Leben und vor allem das Nachtleben ist ausgeprägter als in anderen Bereichen.

Auch in kultureller Hinsicht ist dieses Viertel interessant. Neben der Oper liegen fast alle Theater wie zum Beispiel De Minard. Auch namhafte Kunstzentren wie De Vooruiten und renommierte Museen mit internationalem Ruf wie das S.M.A.K. und MSK befinden sich hier.

Der Renner aber ist der sonntägliche Blumenmarkt am Kouter. Dann kann man an Ständen mit Blumen und Pflanzen entlangschlendern und anschließend frische Austern und ein Glas Champagner genießen.

6 Insider-Tipps

Museum für Schöne Künste

Erst die Sammlung bewundern und dann im Bistro tafeln.

STAM

Das Stadtmuseum Gent interaktiv besuchen.

Nonno

In einer italienischen Eisdiele eine Köstlichkeit genießen.

Thalia

In lockerer Atmosphäre leckere Quiches kosten.

Quetzal

Naschkatzen dürfen diese Schokoladenbar nicht verpassen.

Markt am Kouter

Sonntags Blumen kaufen und Austern mit Champagner verzehren.

- Sehenswürdigkeiten
- Shoppen
- Essen & Trinken
- 100% there

Sehenswürdigkeiten

(32) Mitten im Studentenviertel steht die wuchtige **Onze-Lieve-Vrouw Sint-Pieterskerk**. Diese Barockkirche wurde 1629 auf den Fundamenten einer romanischen Klosterkirche errichtet, direkt neben dem Kloster **Sint-Pietersabdij**. An den unterschiedlichen Stilelementen, die die im 7. Jahrhundert gegründete Klosteranlage aufweist, lassen sich die diversen Bauphasen ablesen. Heute dient die Anlage als Kunsthalle, in der neben einer Dauerausstellung auch Sonderausstellungen präsentiert werden.
sint-pietersplein 9, www.sintpietersabdijgent.be, telefon: 09 2439730, geöffnet: di-so 10.00-18.00, eintritt: 5 €

(33) Das 1798 gegründete **Museum für Schöne Künste** (MSK) gehört zu den ältesten Kunsthäusern Belgiens und befindet sich in einem Gebäude aus dem Jahr 1902. Seit der Renovierung vor einigen Jahren kann man hier eine Dauerausstellung bewundern, die 350 Gemälde, Skulpturen, Wandteppiche, Zeichnungen und Grafiken vom Mittelalter bis Mitte des 20. Jahrhunderts umfasst. Ein Bistro gibt es seitdem ebenfalls.
fernand scribedreef 1, citadelpark, www.mskgent.be, telefon: 09 2400700, geöffnet: di-so 10.00-18.00, eintritt: 5 €

(34) Im Stedelijk Museum voor Actuele Kunst, kurz: **S.M.A.K.**, werden nationale und internationale Exponate aus der Zeit von 1945 bis heute gezeigt. Die Sammlung umfasst insgesamt über 2000 Werke, gezeigt wird immer nur ein Teil in einer Dauerausstellung und eine wechselnde Auswahl in einer Sonderausstellung.
de liemaeckereplein 2, citadelpark, www.smak.be, telefon: 09 2407601, geöffnet: di-so 10.00-18.00, eintritt: 6 €

(36) Im **STAM**, dem Stadtmuseum, das 2010 seine Tore öffnete, erfährt man alles über die Stadt Gent. Es gibt zum Beispiel einen großen Stadtplan, auf dem alle Straßen der Stadt verzeichnet sind, und Kinder können mit LEGO-Bausteinen bedeutende Bauwerke nachbauen. Direkt nebenan befindet sich das bekannte Musikzentrum De Bijloke.
bijlokesite, godshuizenlaan 2, www.stamgent.be, telefon: 09 2671400, geöffnet: di-so 10.00-18.00, eintritt: 6 €

Essen & Trinken

① Die besten Quiches und köstlichsten Torten gibt es bei **Les Tartes de Françoise**. Einziger Wermutstropfen: Essen kann man die Gaumenfreuden wie Käsekuchen mit Spekulatius, Schokotorte oder italienische Quiche leider nicht vor Ort.
françois laurentplein 35, www.tartes.be, telefon: 09 2690669, geöffnet: mo-sa 9.00-18.00, so 9.00-14.00, preis: torte 9,50 €, quiche 10,50 €

② **Barista** befindet sich unübersehbar in einem Eckhaus. Wer ein gutes Frühstück, Biobrötchen, Salate oder einen echten italienischen Kaffee mit Biscotti sucht, ist hier richtig.
hippoliet lippensplein 25, www.mybarista.be, telefon: 0488 469830, geöffnet: mo-fr 8.00-18.00, sa-so 9.30-18.00, preis: frühstück 10 €

⑧ Für viele Nachtschwärmer ist **Martino** die ideale Anlaufstelle, denn hier gibt es bis in den späten Abend etwas zu essen, wie zum Beispiel Nudeln, Omelette, Hamburger, Pizza oder Steak. Unbedingt probieren: Steak Martino oder Cheese Egg Frites.
vlaanderenstraat 125, www.martinogent.be, telefon: 09 2250104, geöffnet: mi-so 18.00-1.00, preis: 16 €

⑫ Im Zuid Shoppingcenter gegenüber der Stadtbücherei finden Sie das **Mondada**, das Bistro und Sandwichladen in einem ist. Die Sandwiches werden liebevoll zusammengestellt und tragen Namen wie Ardenner, Normandier oder Seeländer. Die Karte des mit weißen Stühlen und Porträts an den Wänden eingerichteten, stimmungsvoll beleuchteten Lokals weist auch Nudelgerichte und Riesensalate auf.
woodrow wilsonplein 4, www.mon-dada.be, telefon: 09 2257525, geöffnet: mo-fr 8.00-20.00, sa 9.30-20.00, preis: 14 €

⑬ Lust auf ein leichtes Mittagessen wie Suppe mit Brot? Dann sollten Sie **Soep+** aufsuchen. Täglich werden vier verschiedene hausgemachte Suppen angeboten, die mit belegtem Brötchen oder Salat gereicht werden.
lammerstraat 33, www.soepplus.be, telefon: 09 2231688, geöffnet: mo-fr 9.30-15.00, im winter auch sa, preis: 10 €

MARTINO 8

⑮ In der **Trattoria della Mamma** wähnt man sich in Italien. Im hinteren Bereich des Lokals können Sie an Tischen mit rot-weiß karierten Tischdecken ein kleines Mittagessen genießen. Probieren Sie doch ein frisch zubereitetes Nudelgericht oder eines der vier Tagesgerichte. Was halten Sie von einem Espresso mit Tiramisu oder einem Aperitif mit Antipasti? Wer zu Hause noch etwas genießen will, kann sich etwas Feines mitnehmen, denn die Trattoria ist gleichzeitig ein Feinkostladen.
sint pietersnieuwstraat 36, www.trattoriadellamamma.be, telefon: 09 2341701, geöffnet: mo 11.30-18.30, di-sa 10.00-18.30, preis: brötchen 3,80 €, nudelgericht 12 €

⑯ Bei schönem Wetter sind die großen Fenster der **OR Espresso Bar** weit geöffnet, sodass man das Gefühl hat, draußen zu sitzen. Der Kaffee ist spitze, die Torten und Kuchen ebenso. Mittags werden New Yorker Bagels mit Doppelrahmkäse und Räucherlachs serviert.
walpoortstraat 26, www.orcoffee.be, telefon: 09 2236500, geöffnet: mo-fr 7.30-17.30, sa 9.00-18.00, so 10.00-18.00, preis: getränk 2,50 €

⑰ Neben dem Minard-Theater befindet sich die Kneipe **Marimain**, der ideale Ort, um abends auf der Terrasse ein Bier zu trinken und zu plaudern.
walpoortstraat 17, telefon: 09 3243766, geöffnet: mo-fr ab 10.00, sa ab 12.00, so ab 14.00, preis: getränk 2 €

⑱ In Gent gibt es zahlreiche Frühstückscafés. Eines davon ist das **Le Pain Perdu**. Hier isst man in lockerer Atmosphäre zur zweit an kleinen Tischen oder zusammen mit anderen Gästen an einer großen Tafel. Das Frühstück stellt man komplett selbst zusammen.
walpoortstraat 9, telefon: 09 2241825, geöffnet: mo-fr 8.30-17.30, sa 9.00-17.30, so 9.00-14.00, preis: brunch 14 €, mittagessen 16 €

⑳ Kräuter statt Hopfen – so lautet das Geheimnis hinter dem Bier, das die **Stadtbrauerei Gruut** herstellt. In der Brasserie am Wasser können Sie das köstliche Ergebnis kosten. Dazu gibt es Snacks wie zum Beispiel Käse-Schinken-Toast, Quiche oder reichlich belegte Brötchen.
grote huidevettershoek 10, www.gruut.be, telefon: 09 2690269, geöffnet: mo-do 11.00-18.00, fr-sa 11.00-23.00, so 14.00-19.00, preis: 8 €

MARIMAIN ⑰

⑯ **OR ESPRESSO BAR**

(21) Echtes italienisches Eis bekommt man in Gent bei **Nonno**. Hinsetzen kann man sich hier nicht, aber Eisschlecken im Gehen macht auch Spaß.
kortedagsteeg 22, www.nonno.be, telefon: 0475 236262, geöffnet: mai-sept. mo-fr 13.00-22.00, sa 13.00-18.00, okt.-apr. di-sa 13.00-18.00, preis: eis 2,50 €

(23) So richtig fein speisen können Sie in der **Brasserie Ha'**. Auf der Karte stehen vor allem traditionelle Gerichte wie Garnelenkroketten, Steak mit Pommes, Salate und Nudelgerichte. Frühstücken kann man übrigens auch. Die Brasserie gehört zum Kunsthaus HA' Handelsbeurs, in dem regelmäßig Konzerte und andere Veranstaltungen stattfinden.
kouter 29, www.brasserieha.be, telefon: 09 2659181, geöffnet: mo-sa 9.00-22.30, so 9.00-16.00, preis: 19 €

(24) **Café des Arts** gehört zu den Adressen, die man nach einem Gent-Besuch nicht so schnell vergisst. Die Karte dieses urgemütlichen Lokals ist abwechslungsreich und umfangreich, sodass man in der Regel immer etwas findet. Weitere Vorteile: Die Bedienung ist flott, das Essen gut und bezahlbar.
schouwburgstraat 12, telefon: 09 2257906, geöffnet: mo 10.30-18.00, di-so 10.30-0.00, preis: 16 €

(25) Hip, funky und schick – so könnte man das **Café Théâtre** direkt neben der Genter Oper beschreiben. Auf der Mittags- und Abendkarte des dunkel eingerichteten Lokals stehen vor allem (hochpreisige) Klassiker. Köstlich ist zum Beispiel Tatar mit handgeschnittenen Pommes. Leider sind die Pausen zwischen den Gängen etwas knapp bemessen, aber diesbezüglich lässt die Bedienung mit sich reden.
schouwburgstraat 5-7, www.cafetheatre.be, telefon: 09 2650550, geöffnet: mo-do 12.00-14.15 & 18.30-22.00, fr 12.00-14.15 & 18.30-23.00, sa 18.00-23.00, so 12.00-14.00 & 18.00-22.00, preis: 20 €

(26) Für einen romantischen Abend bietet sich **Le Homard Rouge** an. Ob im gemütlichen Gewölbe im Souterrain oder auf der schmalen Terrasse mit Blick auf das Wasser – speisen können Sie hier fürstlich. Im Sommer sollte man unbedingt einen Tisch reservieren. Ein Mittagstisch wird ebenfalls angeboten.
ketelvest 9, www.lehomardrouge.be, telefon: 0475 378838, geöffnet: di-sa 12.00-14.00 & 19.00-22.00, preis: 25 €

(27) Fast-Food-Restaurant und Take-away **Greenway** richtet sich vor allem an Vegetarier. Angeboten werden Hamburger, Biobrötchen, Suppe, Wokgerichte, Quiches und Salate – alles vegetarisch und mit internationalem Touch. Das Credo des Lokals: "Die Welt muss man probieren."
nederkouter 42, www.greenway.be, telefon: 09 2690769, geöffnet: mo-sa 11.00-21.00, preis: 8 €

(28) Das **Café Vooruit** ist ein bekannter Treffpunkt von Einheimischen aller Altersklassen. Hier bekommt man zu jeder Tageszeit einen Snack oder eine kleine Mahlzeit, und man kann bis nach Mitternacht bleiben. Es ist auch der ideale Startpunkt für eine lange Nacht in der Stadt. Das Café befindet sich im Kunstencentrum Vooruit, einem Haus, das bis Mitte des 19. Jahrhunderts Heimat der sozialistischen Bewegung in Gent war. Heute stehen neben Theater und Musik auch regelmäßig Partys auf dem Programm.
sint-pietersnieuwstraat 23, vooruit.be, telefon: 09 2672848, geöffnet: café mo-mi 10.00-1.00, do-fr 10.00-2.00, sa 11.30-2.00, so 16.00-1.00, preis: 9 €

(29) Bei **Thalia** isst man an einfachen Holztischen in einem ehemaligen Wohnzimmer eines ansehnlichen Altbaus. Angeboten werden Salate, Nudelgerichte und *fajitas* (mexikanisches Rindfleischgericht), aber die Spezialität sind die Quiches mit Salat. Zehn verschiedene werden auf der handbeschriebenen Tafel präsentiert.
sint-pietersnieuwstraat 138, www.eethuis-thalia.be, telefon: 09 2242182, geöffnet: mo & di 10.00-15.00, mi-fr 10.00-15.00 & 17.00-22.00, preis: 10 €

LE PAIN PERDU ⑱

Specials:
-Honey cappuccino -2,80
-Skinny Latte
-Soja Latte/Cappuccino
-3,00
Al onze koffierecepten
worden bereid met

② **BARISTA**

(30) **Het Salon** ist der Hotspot von Studenten. In den Pausen zwischen den Vorlesungen ist das Lokal die Anlaufstelle für einen Cappuccino oder Smoothie. Preiswerte Mittagsgerichte wie Croques Monsieurs, Suppe oder belegte Brötchen gibt es ebenfalls.
sint-pietersnieuwstraat 194, www.het-salon.com, telefon: 09 2250355, geöffnet: mo-fr 8.00-18.00, preis: 6 €

(31) Für süße Gourmets ist die Schokoladenbar **Quetzal** ein Traum. Klar, dass hier alles im Zeichen dieser Köstlichkeit steht. Probieren Sie doch einmal die Trinkschokolade aus weißer oder dunkler Schokolade. Oder ein Schokofondue.
sint-pietersnieuwstraat 99, www.chocoladebar.be, telefon: 09 2241527, geöffnet: mo-fr 13.00-23.00, sa-so 13.00-19.00, preis: trinkschokolade 3,50 €

(35) Das Restaurant **Grade** liegt zwar nicht in der Altstadt, aber das scheint der Beliebtheit keinen Abbruch zu tun. Die Einrichtung ist stilvoll-modern, die Karte bestückt mit exquisiten Gerichten wie Hummer, südamerikanischem Rinderfilet, Lammfilet oder gebratenem Thunfisch mit Taboulé. Vorher können Sie sich in der hauseigenen Loungebar einen Aperitif gönnen oder den Abend einläuten, wenn Sie nicht zum Abendessen bleiben wollen.
charles de kerckhovelaan 79-81, www.grade.be, telefon: 09 2244385, geöffnet: di-do 12.00-14.00 & 18.30-22.30, fr-sa 12.00-14.00 & 18.30-23.30, bar ab 11.00, preis: 19 €

③ BIETINI DESIGN

Shoppen

③ Der geräumige Wohnladen **Bietini Design** lockt mit bezahlbarem Design. Hier finden Sie sowohl große Möbel als auch Tische, Stühle und Kommoden mit viel Holz und modernem Touch. Originelle Accessoires gibt es außerdem.
brabantdam 88-90, www.bietinidesign.be, telefon: 0477 479275, geöffnet: di-sa 11.00-18.00

④ Im Modeladen **Oona** werden Frauen fündig, die Kleidung von Marken wie Missoni, Barrett, Barbara Bui oder dem belgischen Label Les Hommes suchen. Auch exklusiver Schmuck wird hier verkauft. Anprobieren kann man in angenehmem Lounge-Ambiente mit Hochflorteppich und dezenter Beleuchtung.
vlaanderenstraat 94, telefon: 09 2242113, geöffnet: di-sa 11.00-18.00

⑤ **Bleu, c'est gris** ist ein modern eingerichteter Laden, dessen Sortiment originelles und ausgefallenes Outfit zu gehobenen Preisen umfasst. John Galliano, Karl Lagerfeld, Missoni, Just Cavalli, Twinset und Stills gehören zu den angebotenen Marken.
vlaanderenstraat 98-100, www.gris.be, telefon: 09 2243628, geöffnet: mo-sa 10.00-18.30

⑥ Im Schuhgeschäft **Catwalk** – exklusiv für Frauen – gibt es Sandalen, Pumps, Ballerinas oder Stiefel von Topmarken, die nicht überall verkauft werden.
vlaanderenstraat 116, www.catwalk-gent.be, telefon: 0498 593379, geöffnet: mo 14.00-18.00, di-sa 10.30-18.00

⑭ Den Spielzeug- und Bärenladen **Bach** wird man wahrscheinlich nicht ohne ein samtweiches Kuscheltier verlassen. Bis zur Decke ist dieser winzige Laden gefüllt mit Teddys und Plüschtieren aller Art.
lammerstraat 7, telefon: 09 2257813, geöffnet: mo-sa 11.30-18.30

⑲ Auf der Suche nach Sneakers, besonderen Sandalen oder coolen Stiefeln? Im Schuhgeschäft **Giraldo** werden Sie garantiert fündig. Die Auswahl ist groß und umfasst Schuhe von Camper, Le Coq Sportif, Rucanor, Roxy oder All Stars.
walpoortstraat 22, www.giraldo.be, telefon: 09 2253156, geöffnet: mo-sa 10.00-18.30

100% there

⑦ **Clientology** in der Vlaanderenstraat ist mehr als ein Friseursalon. Hier können Sie die Zeit genießen, in der Ihre Haare fachmännisch in Form gebracht werden. Alle Produkte sind aus natürlichen Zutaten hergestellt, und wer will, kann sich sogar massieren lassen. Die angenehme Hintergrundmusik trägt zur Entspannung bei.
vlaanderenstraat 122, www.clientology.be, telefon: 09 2240062, geöffnet: mo, do & fr 9.00-18.00, di & mi 9.00-20.00, sa 8.00-18.00

⑨ **Studio Skoop** ist das älteste Kino der Stadt mit einer gemütlichen Bar, in der man nach dem Film noch etwas trinken kann. Das Programm finden Sie auf der Website.
sint-annaplein 63, www.studioskoop.be, telefon: 09 2250845

⑩ Im jüngsten Kulturhaus von Gent, dem **Capitole**, finden Kabarettvorstellungen, Musicals, Konzerte und Theaterstücke statt. In bequemen, mit Samt überzogenen Sesseln hat man von allen Plätzen aus eine gute Sicht auf die Bühne. Programm und Preise finden Sie auf der Website.
graaf van vlaanderenplein 5, www.capitolegent.be, telefon: 0900 69900

⑪ Der Brunnen im **Koning Albertpark**, auch Zuidpark genannt, ist der ideale Ort, um bei Sonnenschein ein Eis zu genießen. Dort gibt es übrigens auch einen kleinen Spielplatz und eine Skateranlage. Am letzten Augustwochenende können Sie außerdem im Rahmen von Jazz in 't Park kostenlos Konzerten beiwohnen.
koning albertpark, woodrow wilsonplein

㉒ Am Sonntagvormittag besuchen zahlreiche Einwohner von Gent den **Markt** am Kouter. Der Platz ist dann belagert von Ständen mit Blumen und Pflanzen. Am kleinen Kiosk an der Ecke gibt es Champagner und Austern.
kouter, im herzen der stadt, geöffnet: so 7.00-13.00

KONING ALBERTPARK ⑪

Gent – Het Zuid & Kunstviertel

SPAZIERGANG 6

Der Spaziergang startet am François Laurentplein mit einem Stück köstlicher Quiche oder Torte (1). Dann links Richtung Brabantdam spazieren, um einen Kaffee zu trinken (2). Originelle Wohnaccessoires gibt es bei Bietini Design (3). Umdrehen und links in die Vlaanderenstraat einbiegen, um zu shoppen (4) (5) (6), sich massieren zu lassen (7) oder einen Tisch für den Abend zu reservieren (8). Hinter dem Sint-Anna-plein das alte Kino (9) besuchen. Den gleichen Weg zurückgehen und am Graaf Van Vlaanderenplein links ein Kulturhaus (10) besichtigen. Die Straße überqueren und am Woodrow Wilsonplein vorbei zum Park (11) spazieren, um ein Eis zu essen. Umdrehen und beim Sandwichladen (12) etwas kaufen oder geradeaus Richtung Marcelisbrugje gehen. In der Lammerstraat (13) ein Mittagessen genießen oder ein Plüschtier erstehen (14). Rechts in die Sint-Pietersnieuwstraat abbiegen, die am Ende in die Walpoortstraat und anschließend in die Kortedagsteeg übergeht. Hier finden Sie beliebte Cafés und Restaurants (15) (16) (17) (18) und ein schickes Schuhgeschäft (19). Rechts am Wasser (Ketelvest) entlanggehen, um die Stadtbrauerei Gruut (20) zu besuchen. Zurückgehen und rechts in der Kortedagsteeg unbedingt ein Eis essen (21)! Über den Vogelmarkt gelangen Sie zum Kouter, wo sonntags ein Blumenmarkt (22) stattfindet und das HA' Handelsbeurs ein (23) herrliches Mittagessen anbietet. Weiter geht es in der Schouwburgstraat, in der Sie einen Kaffee oder einen Aperitif genießen können (24) (25). Danach links zum Nederkouter abbiegen und die Ketelbrug überqueren. Am Ketelvest links halten und einen Tisch für den Abend reservieren (26). Zum Nederkouter zurückkehren, wenn Ihnen nach einem Mittagessen ist (27). Links der Bagattenstraat folgen, um zum Studentenviertel zu gelangen. Rechts in der Sint-Pietersnieuwstraat finden Sie das Kulturhaus Vooruit (28) und Sie können preiswert etwas trinken (29) (30) (31). Anschließend am Sint-Pietersplein die Barockkirche samt Kloster (32) bewundern. In die Overpoortstraat einbiegen, wo sich das Nachtleben der Studenten abspielt. Über die Fernand Scribedreef zum Citadelpark spazieren, wo Sie zwei Museen (33) (34) besuchen können. Den Park durchqueren und an der Charles De Kerchhovelaan ein romantisches Abendessen einnehmen (35). Oder gleich Richtung Bijloke und Stadtmuseum STAM (36) weitergehen, wo der Spaziergang endet.

1 Les Tartes de Françoise
2 Barista
3 Bietini Design
4 Oona
5 Bleu, c'est gris
6 Catwalk
7 Clientology
8 Martino
9 Studio Skoop
10 Capitole
11 Koning Albertpark
12 Mondada
13 Soep+
14 Bach
15 Trattoria della Mamma
16 OR Espresso Bar
17 Marimain
18 Le Pain Perdu
19 Giraldo
20 Stadtbrauerei Gruut
21 Nonno
22 Markt
23 Brasserie Ha'
24 Café des Arts
25 Café Théâtre
26 Le Homard Rouge
27 Greenway
28 Café Vooruit
29 Thalia
30 Het Salon
31 Quetzal
32 Onze-Lieve-Vrouw Sint-Pieterskerk/Sint-Pietersabdij
33 Museum für Schöne Künste (MSK)
34 S.M.A.K.
35 Grade
36 STAM

Weitere Sehenswürdigkeiten

Wer den Spaziergängen des 100% Cityguides folgt, wird die bedeutendsten Sehenswürdigkeiten automatisch entdecken. Natürlich haben die drei Städte noch mehr zu bieten. Hier folgen ein paar weitere 100% Tipps. Die Buchstaben der Sehenswürdigkeiten finden Sie auf den jeweiligen Übersichtsplänen in diesem Guide: Antwerpen (J) – (P), Brügge (Q) – (R) und Gent (S) – (T).

ANTWERPEN

(J) Im botanischen Garten, **Plantentuin** genannt, wurden einst Pflanzen für die Schule für Heilkunde, Chemie und Pflanzenlehre gezüchtet, aber die Schule gibt es nicht mehr. Heute gehört Plantentuin zur Uni von Gent. Die Anlage umfasst auch ein Gewächshaus mit exotischen Pflanzen und Kakteen. Für Besucher ist dies unter anderem auch eine Oase der Ruhe mitten in der Stadt.
leopoldstraat 24, geöffnet: mai-sept. täglich 10.00-17.45, okt.-apr. mo-fr 10.00-15.45, sa & so 10.00-16.00, eintritt: frei, straßenbahn: 4 & 7 mechelseplein, bus: 9 komedieplaats

(K) Die Pläne, die Pierre Bourla 1827 für das neoklassizistische Théâtre Royal Français zeichnete, konnten zunächst nicht umgesetzt werden, da in Belgien damals eine Revolution tobte. Erst 1834 wurde das halbrunde Gebäude, das heute **Bourlaschouwburg** heißt, feierlich eröffnet. Begrüßt werden Besucher von Statuen berühmter Philosophen, Dichter, Komponisten und Schriftsteller. Ein prachtvolles Erscheinungsbild, das innen in bequemen Sesseln aus rotem Plüsch seine Fortsetzung findet.
komedieplaats 18, www.bourlaschouwburg.be, eintritt: frei, straßenbahn: 4 & 7 oudaan oder bus: 9 komedieplaats

(L) Im **Rubenshuis** wähnt man sich wie in einer anderen Zeit. In diesem Haus wohnte, arbeitete und starb der berühmte Maler Peter Paul Rubens. Die Räume sind bestückt mit Möbeln, Kunstgegenständen und natürlich Gemälden – auch von Künstlerkollegen aus jener Zeit. Im prachtvollen Garten im Renaissancestil, der kürzlich nach Vorlage eines Rubens-Gemäldes neu angelegt wurde, sind Pflanzen zu sehen, die auch früher hier gediehen.
wapper 9-11, www.rubenshuis.be, telefon: 03 2011555, geöffnet: di-so 10.00-17.00, eintritt: 8 €, straßenbahn: 3, 5, 9 & 15 meir

MUSEUM AAN DE STROOM Ⓟ

Ⓜ Im **Museum Plantin-Moretus** bekommt man eine Vorstellung von dem, was einst das größte Verlagshaus der Vereinigten Niederlande war. Hier kann man die einzige erhalten gebliebene Verlagsdruckerei aus der Zeit der Renaissance und des Barock begutachten: Die fünf Pressen und die Setzkammer sind noch in ursprünglichem Zustand. Die Kupferstichsammlung umfasst eine Vielzahl von Kupferstichen und Zeichnungen Antwerpener Meister vom 16. Jahrhundert bis zur Gegenwart.

vrijdagmarkt 22-23, www.museumplantinmoretus.be, telefon: 03 2211450, geöffnet: di-so 10.00-17.00, eintritt: 8 €, straßenbahn: 3, 5, 9 & 15 groenplaats

Ⓝ Im **ModeMuseum** gibt es interessante Kleidung, Spitzen, Stickereien und Werkzeug der Textilmanufaktur zu sehen. Teile der großen Sammlung werden in zwei jährlich wechselnden Themen-Ausstellungen gezeigt, eine Dauerausstellung gibt es nicht. Im gleichen Haus residiert auch die Antwerpse Modeacademie – hier trifft man die Modeschöpfer von morgen.
nationalestraat 28, www.momu.be, telefon: 03 4702770, geöffnet: di-so 10.00-18.00, eintritt: 8 €, straßenbahn: 4 & 12 sint-andries

Ⓞ Jahrelang ungenutzt, verwahrloste das alte Eisenbahngelände zwischen der Altstadt und den Außenbezirken zunehmend, bis die Stadtverwaltung beschloss, das 24 Hektar große Areal in einen Park umzuwandeln. Feierlich eröffnet wurde **Park Spoor Noord** – eine moderne Grünanlage, die viel Platz für sportliche Aktivitäten, Spaß und Entspannung bietet – 2009.
zwischen hardenvoort und viaduct-dam, bus: 19 station dam

Ⓟ Neben dem Jachthafen 't Eilandje befindet sich das MAS, das **Museum aan de Stroom**. Hier wird die Geschichte der Stadt, ihrer Bewohner und des Hafens erzählt. Nicht nur das Museum ist beeindruckend, auch das Gebäude, in dem es sich befindet: eine 60 Meter hohe spiralförmige Konstruktion. Von der Dachterrasse, die Sie auch außerhalb der Öffnungszeiten des Museums kostenlos besuchen können, haben Sie einen fantastischen Blick auf die Stadt.
hanzestedenplaats 1, www.mas.be, telefon: 03 3384444, geöffnet: di, mi & vr 10.00-17.00, do 10.00-21.00, sa & so 10.00-18.00, eintritt: dauerausstellung 5 €, wechselausstellung 8 €, kombikarte 10 €, bus: 6 van schoonbekeplein

BRÜGGE

Ⓠ Im Jahr 1275 platzte Brügge aus allen Nähten. Dem schnellen Bevölkerungswachstum war die Stadt nicht gewachsen, und so ließen sich viele, vor allem Tagelöhner, vor den Toren der Stadt nieder. Ein soziales Pulverfass, das jederzeit zu explodieren drohte. Um möglichen Schaden von der Stadt abzuwenden, wurde deren Hoheitsgebiet erweitert und mit einem zweiten Stadtwall gesichert. Heute sind die **Brugse Vesten**, wie die Wälle genannt werden, ein beliebtes Terrain für Spaziergänger, Jogger und Radfahrer.
groendienst, buiten de smedenpoort 2, telefon: 050 329013, geöffnet: mo-fr 9.00-12.00 & 14.00-16.30

Ⓡ Im **Gentpoort**, einem der vier erhalten gebliebenen mittelalterlichen Stadttore, wird die Entwicklung von Brügge bis heute anhand von alten Stadtplänen, Bildern, Kupferstichen und Multimedia-Vorstellungen gezeigt. Zwei Wendeltreppen führen auf das Dach, von wo aus man eine gute Sicht auf den Belfried und die Liebfrauenkirche hat.
gentpoortvest z/n, www.museabrugge.be, geöffnet: do-so 9.30-12.30 & 13.30-17.00 (karten bis jeweils 12.00 oder 16.30), eintritt: 2 €

GENT

Ⓢ Die mittelalterliche Festung **Gravensteen** entstand um 1180 im Auftrag von Philipp von Elsass, dem Grafen von Flandern, auf den Mauern einer alten Burg. Die Erfindung von Schießpulver, Waffen und Kanonen im späten Mittelalter machte Anlagen wie Gravensteen, die größtenteils aus Holz bestanden, nutzlos. Im Laufe der Jahrhunderte diente die Festung als Gerichtssitz, Münzanstalt und Gefängnis. Der Hungerturm und die Folterkammer können besichtigt werden.
sint-veerleplein 11, telefon: 03 2259306, geöffnet: täglich 1. apr.-30. sept. 9.00-18.00, 1. okt.-31. märz 9.00-17.00, eintritt: 8 €

Ⓣ Am Rand der Altstadt und unweit des Sint-Annaplein befindet sich hinter einer hohen Mauer der **Klein Begijnhof** (Kleiner Beginenhof), ein typisches Beispiel einer solchen Anlage. In der Mitte steht eine Kirche, umgeben von einer Grünfläche, an der schließlich die Wohnhäuser liegen. Der Kleine Begijnhof wurde 1235 für Beginen gegründet, die aus verarmten Adelsfamilien, dem Bürgertum oder wohlhabenden Bauersfamilien stammten. Heute leben hier keine Beginen mehr, die Häuser sind aber nach wie vor bewohnt. Seit den 1970er-Jahren steht die Anlage unter Denkmalschutz, seit 1998 gehört sie zum Weltkulturerbe der UNESCO.
lange violettestraat 77-273, www.kleinbegijnhof-gent.be, telefon: 09 2241790, eintritt: frei, zwischen woodrow wilsonplein und sint-annaplein

Ausgehen

Sperrstunden werden in Belgien sehr großzügig gehandhabt, wenn es sie überhaupt gibt. Die meisten Kneipen haben ab 16 Uhr geöffnet, Clubs in der Regel erst ab etwa 23 Uhr. Im Folgenden finden Sie unsere Ausgehtipps für Antwerpen Ⓤ – Ⓥ, Brügge Ⓦ – Ⓧ und Gent Ⓨ – Ⓩ.

ANTWERPEN

Ⓤ Seit mehr als 20 Jahren ist das **Café Hopper** ein Begriff in Het Zuid. Wer Jazz mag, kann hier regelmäßig Liveauftritte verfolgen. Oft schauen auch bekannte Persönlichkeiten aus Flandern vorbei.
leopold de waelstraat 2, www.cafehopper.be, telefon: 03 2484933, geöffnet: so-mi 9.00-2.00, do-sa 9.00-3.00, straßenbahn: 12 museum

Ⓥ Das **Noxx** ist zwar noch ein junger Sprössling der Antwerpener Club-Familie, war aber von Anfang an bei Tanzfans beliebt. Es ist mehr als nur ein Club, denn es gibt diverse Räume für unterschiedliche Aktivitäten: Cocktails trinken an der Bar, chillen in einer Sitzecke oder auf der Tanzbühne sich austoben – hier ist alles möglich.
straatsburgdok, noordkaai 3, www.noxxantwerp.be, telefon: 03 2955465, geöffnet: do & fr 23.00-6.00, sa 23.00-7.00, straßenbahn: 6 groenendaal

BRÜGGE

Ⓦ Ein Essen in der bei Einheimischen wie auch Touristen sehr beliebten Bierbrasserie **Cambrinus** artet nicht selten in einen langen Verkostungsabend aus. Kein Wunder angesichts der 400 Sorten Bier, die hier angeboten werden. An Wochenenden empfiehlt es sich zu reservieren.
philipstockstraat 19, www.cambrinus.eu, telefon: 050 332328, geöffnet: mo-do 11.00-23.00, fr-so ab 11.00, preis: snack 10 €, hauptgericht 18 €

Ⓧ Hinter einer neobarocken Fassade und neben dem Stadttheater verbirgt sich der einzige echte Tanzclub der Stadt: **De Coulissen**. Die verschiedenen Podien dienen jeweils als Tanzfläche, der Eintritt ist kostenlos.
jacob van ooststraat 4, www.decoulissen.be, geöffnet: do-sa ab 21.00, eintritt: frei

GENT

Ⓨ Nachtschwärmer lieben die **Lammerstraat**, denn hier können sie bis in die frühen Morgenstunden abhängen, zum Beispiel in den Cocktailbars Polé Polé Café (täglich ab 19 Uhr geöffnet) und Hasta Mañana (täglich ab 17 Uhr geöffnet).
lammerstraat, www.polepole.be/cafes, telefon: 09 2229999

Ⓩ Für Genter Studenten und viele Nachtschwärmer ist die **Overpoortstraat** mit ihren unzähligen Cafés und Kneipen eine beliebte Anlaufstelle. Einige Lokale sind Stammkneipen von Studentenverbindungen.
overpoortstraat, eintritt: wechselnd

Alphabetischer Index

BRÜGGE

GENT

Thematischer Index

hotels

sehenswürdigkeiten

shoppen

unterwegs

100% CITYGUIDES

100% TRAVELGUIDES

Ausführliche Informationen zum 100% Programm finden Sie auch auf unserer Homepage unter **www.100travel.de**

Dieser 100% Cityguide wurde mit größter Sorgfalt zusammengestellt. Mo Media ist nicht verantwortlich für eventuelle inhaltliche Fehler. Anmerkungen und/oder Kommentare können unter *www.100travel.de* mitgeteilt oder an die unten stehende Adresse gerichtet werden.

mo media gmbh, betr. 100% antwerpen, brügge & gent,
steinstraße 15, 10119 berlin,
e-mail info@momedia.com

autoren	antwerpen: sabine lefever, suzanne mastbroek brügge: ann welvaert gent: annelies ryckaert
fotografie	antwerpen: verne fotografie, duncan de fey brügge: verne fotografie, s. 8 st. jacobs b&b gent: verne fotografie
übersetzung	gerrit j. ten bloemendal (für bookwerk köln)
lektorat	caroline kazianka (für bookwerk)
schlussredaktion	anke höhne (für bookwerk)
konzeptgestaltung	studio 100%
gestaltung	mastercolors mediafactory
kartografie	van oort redactie en kartografie

100% antwerpen, brügge & gent	isbn 978-3-943502-62-2 © mo media gmbh, berlin, märz 2014